DAS QUIZHEFT *Golden*

Pattloch

*Die Autor*innen*

María López Villodres

Die Journalistin wurde 1989 in Málaga geboren, während der schlimmsten Überschwemmungen, die die südspanische Stadt bis dato erlebt hatte. Schon damals konnte man sie immer dort finden, wo es Schlagzeilen gab. Sie hat für viele verschiedene spanische Medien geschrieben, unter anderem für *S Moda* (die Modekolumne der Tageszeitung *El País*), das Outdoor-Magazin *Salvaje* und *Uppers.* Doch es gibt etwas, was sie nicht kann: Sie weiß nicht, was sie in ihre eigene Biografie schreiben soll. Dieses QUIZHEFT hat sie in ihrem Lieblingsoutfit, dem Bademantel, geschrieben, ihre Katzen Candela und Archie Harrison immer an ihrer Seite. Die, die sie gut kennen, sagen, dass sie täglich mindestens zehnmal, wenn nicht öfter, „Ich will endlich in Rente gehen!" sagt.

Cristóbal Fortúnez

Geboren 1980 in Santiago de Compostela. Zeichner und Illustrator. Während der letzten zehn Jahre hat er, abgesehen von seinen Illustrationen für das QUIZHEFT, an einer Unmenge an Projekten in der Verlags- und Werbebranche und anderen Medien gearbeitet. Normalerweise lässt er den Fernseher laufen, während er arbeitet, auch wenn er das Fernsehen eigentlich gar nicht ausstehen kann. Er geht gerne jeden Tag in den Supermarkt, ändert mindestens täglich den Namen seiner Katze Chonchi und erzählt immer noch die gleichen Witze, die er auch schon mit zwölf erzählt hat. Er mag keine abgenutzten oder ungespitzten Bleistifte, deswegen ist sein Schreibtisch voller kleiner, ungenutzter Bleistiftstummel, die er aber auch nicht wegschmeißen kann. Wäre ja schade darum.

* Dieses QUIZHEFT wurde mit dem Fachwissen und unter Beratung von Expert*innen für den Erhalt unserer kognitiven Fähigkeiten entwickelt.

Originalidee: Blackie Books
Entwicklung: Daniel López Valle, Cristóbal Fortúnez, Jan Martí, Dario Falcini
Übersetzung: Anna-Lena Prill

Grafik: Setanta (www.setanta.es)
Satz: Daniela Schulz
Gesamtherstellung:
Firmengruppe APPL,
aprinta druck GmbH, Wemding

Cuaderno Golden Blackie Books Vol. 1 – 2021 /
Quaderno d'inverno 2021/22 Blackie Edizioni

Text: Daniel López Valle, Marìa Lòpez Villodres, Anna-Lena Prill
Illustrationen: Cristóbal Fortúnez

FSC www.fsc.org MIX Papier | Fördert gute Waldnutzung FSC® C004592

Ein Imprint der Verlagsgruppe Droemer Knaur GmbH & Co. KG, München

www.geschenkverlage.de
ISBN: 978-3-629-00978-4

5 4 3 2 1

Das *Golden*-Manifest

Was du hier in den Händen hältst, ist eine Neuheit. Natürlich wissen wir, dass Neuanfänge oft schwer sind, wir sind allerdings der Meinung, dass sie immer auch ein Anlass zur Freude sind. Sie sind wie ein neuer Weg, auf dem man vielleicht einmal stolpert, aber wieder aufsteht und weiterzieht. Deswegen sind wir hier.

Auf den Seiten dieses QUIZHEFTs verschmelzen Vergangenheit, Gegenwart und Zukunft. Erinnerungen an früher werden dir bei nostalgischen Rätseln helfen. Das gesammelte Wissen über die Gegenwart verwurzelt dich in der Realität und hilft dir, den Blick nach vorne zu richten: auf neue Ideen und Erfahrungen. Die Übungen in diesem Heft werden deinen Geist erfrischen und wie ein kaltes Bier an einem Sommertag dein Gehirn wachkitzeln. Einfach herrlich!

Dieses Heft trägt den Titel »Golden«, so golden wie das Strahlen der Sonne, wenn sie den höchsten Punkt am Himmel erreicht und alles um sich herum in ihr Licht hüllt. In diesem Moment haben wir den Höhepunkt des Sommers erreicht. Ein Moment, in dem man gut erleuchtet leben kann. Wir sind jetzt am höchsten Punkt angekommen, lasst uns weiterscheinen. Auf geht's!

Was ist DAS QUIZHEFT GOLDEN?

Das ist die erste Version von unserem QUIZHEFT GOLDEN. Sein kleiner Bruder, DAS QUIZHEFT, hat in Spanien und Italien während der letzten zehn Jahre mit 150.000 verkauften Exemplaren den Sommer vieler Leser*innen bereichert. Diese neue Version ist für etwas ältere und erfahrenere Personen gedacht, die sich gerne auf ihre eigene Art und Weise amüsieren. Danke, dass du uns auf diesem aufregenden Abenteuer begleitest.

Gebrauchsanleitung

Im QUIZHEFT GOLDEN findest du Aufgaben in vielen verschiedenen Formen und zu unterschiedlichen Themen. Mit traditionellen Rätseln kannst du dein Wissen über Themen wie Literatur, Naturwissenschaft oder Geschichte testen oder einfach dein Gehirn mal wieder ordentlich trainieren. Andere sind eher nostalgisch angehaucht und erinnern an vergangene Tage. Und das Beste: Viele von ihnen sind einfach nur da, um Spaß zu haben. Denken ist dabei nicht nötig. Man kann sich ja auf verschiedene Art und Weise weiterbilden.

Alles, was du über das QUIZHEFT wissen solltest

* Die Rätsel und Aufgaben folgen keiner bestimmten Einteilung, sondern sind ganz bunt durcheinandergemischt. Film, Musik oder Denkspiele: Von einer Seite zur nächsten kann einfach alles passieren.

* Grundsätzlich kann man alle Rätsel mit einem Bleistift lösen. Schnapp dir einen und schon geht's los. Manche Aufgaben sind dafür da, um zusammen mit Familie, Freunden oder Partner*in in Erinnerungen zu schwelgen und euch zum Lachen zu bringen. Du kannst sie natürlich auch ganz alleine lösen. Es ist dein QUIZHEFT GOLDEN, du entscheidest.

* Die Lösungen findest du am Ende des Heftes und da bleiben sie auch, bis du dich in einem Labyrinth verirrst oder bei einem Kreuzworträtsel nicht weiterkommst. Wenn etwas beim ersten Mal nicht klappt, versuche es einfach später noch einmal. Die einzige Regel ist, niemals aufzugeben.

Legende

Die Herausgeber dieses Hefts haben alle Aufgaben bis ins Detail erforscht, getestet und überarbeitet, um so eine große Auswahl an Denksportaufgaben sicher an verschiedene Bedürfnisse und Wünsche anzupassen. Diese Symbollegende dient als Leitfaden für die verschiedenen Übungen in diesem QUIZHEFT.

Erfrische deinen Geist

Wissen von gestern und heute.

Schalte ab

Wir sind hier, um Spaß zu haben.

Pikant

Etwas gewagtere Aufgaben. Auf eigene Gefahr.

Gemeinsam

Sind dafür gedacht, um sie zusammen mit anderen zu lösen.

Aktuelles

Um immer auf dem neuesten Stand zu sein.

Nostalgisches

Das Wiedererwecken früherer Erinnerungen. Alles, woran wir uns gerne erinnern.

Hieroglyphen

Filmtitel wörtlich genommen

Der Designer dieser Kinoposter ist so faul gewesen, dass er einfach den Namen der jeweiligen Filme wortwörtlich abgebildet hat. Ohne Firlefanz. Erkennst du nach diesem Prinzip, um welche Filme es sich handelt?

1// ....

2// ....

3// ....

4// ....

5// ....

6// ....

7// ....

8// ....

Zuordnen

Grün, grün, grün ist alles, was ich mag

Wusstest du, dass es in Deutschland um die 90 Milliarden Bäume gibt? Das sind etwa 1085 pro Einwohner. Das ist ziemlich viel Natur um uns herum. Weißt du, welche dieser Bäume für ihre Früchte bekannt sind, welche für ihre schönen Blüten und welche für ... keines von beidem? Ordne sie der jeweiligen Kategorie zu.

Rotdorn / Manna-Esche / Ulme / Kiefer / Tanne / Haselnuss / Eberesche (Vogelbeere) / Douglasie / Birke / Esskastanie / Fichte / Pfirsich / Ahorn / Apfel / Speierling / Walnuss / Rosskastanie / Kirsche / Tulpen-Magnolie

1// FRUCHT

....

....

....

....

....

....

....

2// OHNE FRUCHT

....

....

....

....

....

....

....

3// MIT BLÜTEN

....

....

....

....

....

....

....

Verknüpfen

Digitale Konzepte

Das deutsche Wörterbuch wird ständig erweitert und es ist schwer, mit dem Vokabular der heutigen Jugend mitzuhalten. Und dann sind da auch noch so viele Wörter, die aus dem Englischen kommen. Was bedeutet denn bitte über den Bildschirm *scrollen?* Oder jemanden *ghosten?* Ein paar dieser Wörter hast du bestimmt schon einmal gehört, aber jetzt ist es an der Zeit, sie auch wirklich zu verstehen und in deinen eigenen Wortschatz zu integrieren. Lass dich von deiner Intuition leiten und verbinde jedes Wort mit der dazu passenden Beschreibung.

Tinder / Liken / Cancel Culture / Ghosten / Trending Topic / Trollen / TikTok / Unfollowen / Scrollen / Zoom fatigue / Posten / Hashtag / Instagrammable / Fake News / Fact-Checking

0// Kommt vom englischen Wort für „Geist". Wenn dich jemand vollkommen ignoriert und so tut, als ob du gar nicht existieren würdest.

Ghosten

1// Das tust du, wenn du einen Text oder ein Foto auf Facebook stellst.

2// Das soziale Netzwerk mit den schnellen Videos und Challenges, die du ständig auf WhatsApp zugeschickt bekommst.

3// Man könnte es Schlagwort nennen, aber warum einfach, wenn's auch kompliziert geht. Kommt immer nach einem ‚#'.

4// Die endlose Wischbewegung des Fingers über den Bildschirm.

5// Das soziale Netzwerk, in dem dein Sohn wahrscheinlich seine nächste Freundin kennenlernt.

6// Der allgemeine Begriff für inkorrekte Nachrichten. Donald Trump mag die gerne.

7// Der pandemische Erschöpfungszustand nach dem x-ten Videoanruf mit deinem Schwager.

8// Boykott gegenüber einer Person oder Organisation, die sich politisch inkorrekt geäußert hat und deswegen gesellschaftlich geächtet wird.

9// Etwas mögen oder mit Herzchen auf ein Social-Media-Posting reagieren.

10// Ein schönes lebhaftes oder pastellfarbenes Bild, das wie für Instagram gemacht ist.

11// Das meistdiskutierte Thema auf Twitter, dem Spielplatz des Internets.

12// Die strenge Überprüfung von Fakten und Nachrichten, um Desinformation zu verhindern. Das mag Donald Trump gar nicht gerne.

13// Im Internet anonyme Nachrichten zu schreiben, deren Ziel es ist, jemanden zu nerven, zu boykottieren oder zu belästigen. Solltest du einem Troll begegnen, mach lieber schnell kehrt.

14// Jemandem in seinen sozialen Netzwerken nicht mehr zu folgen. Sehr beliebt unter Ex-Partner*innen.

Auswählen

Rezepte mit Hindernissen

Gutes Essen darf in unserem QUIZHEFT nicht fehlen. Schon gar nicht im Winter, einer Jahreszeit, in der der Tisch immer gedeckt ist. Nur sind diese typischen Winterrezepte durcheinandergeraten: In jedem von ihnen gibt es eine Zutat, die einfach nicht passt (in keiner der Tausenden von möglichen Varianten). Entferne sie, indem du sie ankreuzt.

1// Semmelknödel

- [ ] Altbackenes Brot
- [ ] Zwiebel
- [ ] Butter
- [ ] Hackfleisch
- [ ] Eier
- [ ] Milch

2// Maultaschen

- [ ] Hackfleisch
- [ ] Semmelbrösel
- [ ] Rinderfond
- [ ] Petersilie
- [ ] Kichererbsen
- [ ] Zwiebeln

3// Kaiserschmarrn

- [ ] Eier
- [ ] Milch
- [ ] Muskatnuss
- [ ] Rosinen
- [ ] Mehl
- [ ] Puderzucker

4// Lasagne

- [ ] Hackfleisch
- [ ] Nudelplatten
- [ ] Gouda
- [ ] Forelle
- [ ] Béchamelsoße

5// Käsespätzle

- [ ] Mehl
- [ ] Eier
- [ ] Honig
- [ ] Salz
- [ ] Röstzwiebeln
- [ ] Emmentaler

6// Sauerbraten

- [ ] Rindfleisch
- [ ] Karotte
- [ ] Zwiebel
- [ ] Wacholder
- [ ] Basilikum
- [ ] Rotwein

7// Kohlrouladen

- [ ] Weißkohl
- [ ] Radieschen
- [ ] Brühe
- [ ] Hackfleisch
- [ ] Altbackenes Brot
- [ ] Zwiebeln

8// Kartoffelpuffer

- [ ] Mehl
- [ ] Zwiebeln
- [ ] Kokosraspeln
- [ ] Kartoffeln
- [ ] Apfelmus
- [ ] Eier

9// Grünkohl

- [ ] Tomatenmark
- [ ] Zwiebeln
- [ ] Grünkohl
- [ ] Senf
- [ ] Mettwürstchen

10// Steckrübeneintopf

- [ ] Kartoffeln
- [ ] Steckrübe
- [ ] Sojasoße
- [ ] Brühe
- [ ] Möhre
- [ ] Petersilie

11// Käse-Lauch-Suppe

- [ ] Hackfleisch
- [ ] Lauch
- [ ] Schmelzkäse
- [ ] Pfeffer
- [ ] Mozzarella

Zuordnen

*Buchliebhaber*innen*

Sommerromanzen sind oberflächlich, aber intensiv. Genau wie Liebesgeschichten in Romanen: Auf wenige Seiten komprimierte Geschichten, die wir bis ins Letzte auspressen und die uns zutiefst bewegen, während wir sie lesen. Am Ende angekommen, hören zwar die gedruckten Buchstaben auf, aber die Gefühle begleiten uns noch weiter. Wir haben einige Ausschnitte aus den bekanntesten Liebesgeschichten der Literatur herausgesucht und verraten sogar den Namen der Romane, damit du sie den Autor*innen zuordnen kannst. Allerdings musst du deren Namen erst mal umdrehen.

ERAEPSEKAHS MAILLIW / ËTNORB YLIME / KANRETSAP SIROB / LLEHCTIM TERAGRAM / ZEUQRÁM AÍCRAG LEIRBAG / ËTNORB ETTOLRAHC / NETSUA ENAJ / IOTSLOT OEL

1// „Ich liebe alles Besondere an dir, alles Nützliche und Unrentable, alle deine gewöhnlichen Seiten, lieb in ihrer ungewöhnlichen Kombination, ein von innerem Inhalt geadeltes Gesicht, das ohne dieses vielleicht hässlich erscheinen würde, Talent und Verstand, als würde es an die Stelle treten ein völlig abwesender Wille."

Doktor Schiwago

Antwort: ....

2// „Wenn du liebst, dann liebst du den ganzen Menschen so, wie er ist, und nicht so, wie du ihn haben möchtest."

Anna Karenina

A: ....

3// Vergeblich habe ich gekämpft. Es geht nicht. Meine Gefühle können nicht unterdrückt werden. Sie müssen mir erlauben, Ihnen zu sagen, wie leidenschaftlich ich Sie bewundere und liebe."

Stolz und Vorurteil

A: ....

4// „Nichts in der Welt ist schwieriger als die Liebe."

Die Liebe in Zeiten der Cholera

A: ....

5// „Ist Liebe ein zartes Ding? Sie ist zu rau, zu wild, zu tobend und sie sticht wie Dorn."

Romeo und Julia

A: ....

6// „Ich liebe den Boden unter seinen Füßen und die Luft über seinem Kopf und alles, was er berührt, und jedes Wort, das er sagt. Ich liebe all sein Aussehen und all seine Handlungen und ihn ganz und gar zusammen."

Sturmhöhe

A: ....

7// „Ich liebe dich, wie ich noch keine andere geliebt habe, und ich habe länger auf dich gewartet als auf jede andere Frau."

Vom Winde verweht

A: ....

8// „Er war der Erste, der mich erkannte und liebte, was er sah."

Jane Eyre

A: ....

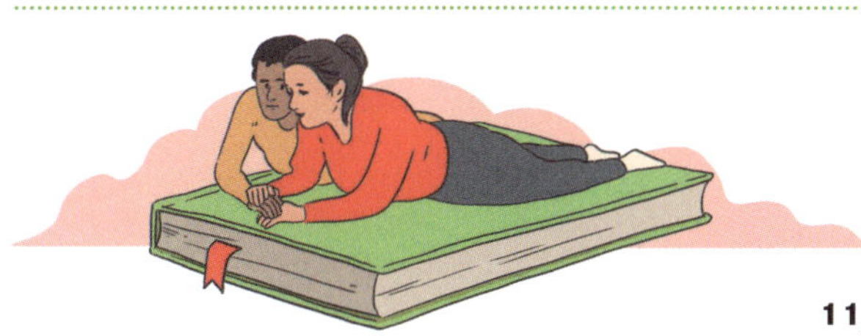

Sortieren

Anagramme

Wenn man die Buchstaben eines Wortes neu sortiert und dadurch ein neues Wort bildet, nennt man dieses Wort Anagramm. Zum Beispiel kann „Ehre" zu „Rehe" werden. In diesen Beispielen sind sehr lange (meist zusammengesetzte) Wörter völlig durcheinandergeraten. Man könnte fast meinen, der Buchstabensalat habe keinen Sinn. Kannst du anhand der Beispiele herausfinden, welches Wort man in den folgenden Fällen bilden kann, wenn man alle Buchstaben verwendet? Zu jedem Wort liefern wir dir einen Hinweis mit, der dir auf die Sprünge hilft.

0// Tourguide oder Buch, das über den Urlaubsort informiert.

FRÜHER RIESE – REISEFÜHRER

1// Körperliche Betätigung

PROST

_ _ _ _ _

2// Ausgestorbenes Reptil

URIN-ROADIES

_ _ _ _ _ _ _ _ _ _ _

3// Schiffspersonal

ERST OMA

_ _ _ _ _ _ _

4// Schöpferisches Gestalten, Werk

STUNK

_ _ _ _ _

5// Fischfang-Hilfsmittel

SCHLANGERUN

_ _ _ _ _ _ _ _ _ _ _ _

6// Nascherei

SCHADE-LOOK

_ _ _ _ _ _ _ _ _ _

7// Licht in der Dämmerung

NASENBODEN

_ _ _ _ _ _ _ _ _ _

8// Zerbrochener Spiegel

ERHABENEN FUCHS

_ _ _ _ _ _ _ _ _ _ _ _ _ _

9// Schmückt kohlensäurehaltige Getränke

CHAKREN-SUMO

_ _ _ _ _ _ _ _ _ _ _

10// Unter Steinen lebendes Ungeziefer

RASSELKELLE

_ _ _ _ _ _ _ _ _ _ _

11// Möbelstück

HARLEKINS DRECK

_ _ _ _ _ _ _ _ _ _ _ _ _ _

12// Scherz, Spaß, Streich

NACHBARS ECK

_ _ _ _ _ _ _ _ _ _ _

13// Magie

FEBRUAR-KATZ

_ _ _ _ _ _ _ _ _ _ _

14// Haushaltsgerät

EINWACHS-SCHAM

_ _ _ _ _ _ _ _ _ _ _ _ _

15// Weibliche Person, mit Händchen für Reittier

FELDSTEIN-PRÜFER

_ _ _ _ _ _ _ _ _ _ _ _ _ _ _

16// Stimmungsvolle Beleuchtung

ICH KLETTERTE

_ _ _ _ _ _ _ _ _ _ _ _

17// Anreise zur Bildungsanstalt

GELWUCHS

_ _ _ _ _ _ _ _

18// Sehnsucht nach Zuhause

WEHE IHM!

_ _ _ _ _ _ _

19// Reißend fließendes Gewässer

ERNST SCHMOLLEN

_ _ _ _ _ _ _ _ _ _ _ _ _ _

20// Wiederverwendbarer Getränkebehälter

REH MAG SCHWEFEL

_ _ _ _ _ _ _ _ _ _ _ _ _ _

21// Bayerisches Fleischgericht

ERNST ABWISCHEN

_ _ _ _ _ _ _ _ _ _ _ _ _ _

22// Zunehmen der Gesichtsbehaarung

BARSCH-WUT

_ _ _ _ _ _ _ _ _

23// Getränk nach Arbeitsende

BIEDER ABFEIERN

_ _ _ _ _ _ _ _ _ _ _ _ _ _

24// Herzschmerz

MELKEIMER-BUS

_ _ _ _ _ _ _ _ _ _ _ _

Quiz

Weltmetropolen

Bist du auch schon lange nicht mehr weit verreist? Wir auch nicht. Deshalb fühlen wir uns verpflichtet, dich ein wenig reisen zu lassen. Die Fragen beziehen sich auf Länder, deren bevölkerungsreichste Stadt merkwürdigerweise nicht die Hauptstadt ist. Beantworte die geografischen Fragen.

1// Die Hauptstadt der Vereinigten Staaten ist Washington, D.C., aber sie ist bei Weitem nicht die Stadt mit den meisten Einwohnern des Landes. Dieser Titel geht an …

a) **Los Angeles.**
b) **New York.**

2// Peking, oder wahlweise Beijing, ist seit mehr als fünf Jahrhunderten die Hauptstadt von China. Sie ist jedoch nicht die bevölkerungsreichste, denn diese Stadt ist …

a) **Hongkong.**
b) **Schanghai.**

3// Brasilia, die Hauptstadt Brasiliens, wurde 1960 von Grund auf neu gebaut. Sie wurde ins Landesinnere verlegt, um den Küstenstädten, insbesondere zwei davon, etwas Macht zu entziehen. Eine davon ist auch die bevölkerungsreichste. Welche ist es?

a) **São Paulo**
b) **Rio de Janeiro**

4// Etwas Ähnliches geschah in Australien, nur früher: Canberra wurde 1913 gebaut, um die Rivalität zwischen Sydney und Melbourne zu beenden. Welche der beiden Städte ist größer?

a) **Melbourne**
b) **Sydney**

5// Auf der anderen Seite der Tasmansee liegt Neuseeland. Die bevölkerungsreichste Stadt ist Oakland, aber die Hauptstadt des Landes ist eine andere. Weißt du, wie sie heißt?

a) **Christchurch**
b) **Wellington**

6// Kanada hatte mehrere Hauptstädte, bis sich Königin Victoria 1857 für Ottawa entschied, weil es weit von der amerikanischen Grenze entfernt lag, was im Falle einer Invasion sehr nützlich war. Im Laufe der Zeit wuchs jedoch eine andere Stadt zur größten des Landes heran. Welche?

a) **Toronto**
b) **Montreal**

7// Der Fall Indiens ist ganz ähnlich: Die Hauptstadt wurde auf Beschluss des britischen Empire zu Neu-Delhi. Und so ist es auch geblieben. Aber auch wenn sie mehr als 10 Millionen Einwohner*innen hat, ist sie nicht die Stadt mit den meisten. Weißt du, welche das ist?

a) **Kalkutta**
b) **Mumbai**

8// Rabat ist die Hauptstadt Marokkos, aber sie gehört nicht einmal zu den fünf größten Städten des Landes. Die bevölkerungsreichste Stadt ist eine andere. Welche ist es?

a) **Casablanca**
b) **Marrakesch**

9// In Südafrika gibt es drei Hauptstädte: Eine Stadt beherbergt die Exekutive, die andere die Legislative und die letzte die Judikative. Keine der drei Städte ist jedoch die größte des Landes, denn diese ist …

a) **Kapstadt.**
b) **Johannesburg.**

10// Die Hauptstadt von Nigeria ist Abuja, eine Stadt aus den 1980er-Jahren. Sie hat eine der höchsten Bevölkerungswachstumsraten der Welt, ist aber nicht die Stadt mit den meisten Einwohnern Nigerias. In Nigeria befindet sich sogar die größte Stadt des afrikanischen Kontinents. Wir sprechen hier von …

a) **Lagos.**
b) **Kinshasa.**

11// Quezon City ist die bevölkerungsreichste Stadt in einem der bevölkerungsreichsten Länder der Erde: nicht schlecht! Sie ist Teil des riesigen Ballungsgebietes der Hauptstadt Manila, also reden wir über …

a) **die Philippinen.**
b) **Indonesien.**

Zahlenreihe

Harrison Hot

Wer will schon im Lotto gewinnen, wenn er stattdessen auch ein intimes Abendessen mit Harrison Ford haben kann? Der hat uns nämlich gesagt, dass er gerne dazu bereit wäre, du musst ihn nur anrufen, um dich zu verabreden. Verbinde die Punkte auf seinem Oberkörper und die Linien werden dir seine Telefonnummer verraten. Wenn du bei einem Ausrufezeichen ankommst, mach bei der nächsten Zahl weiter.

Vervollständigen

Vorabend-Familienfehden

Schon seit den 50ern unterhält uns das Vorabendprogramm im deutschen Fernsehen mit den buntesten Telenovelas und Seifenopern. Damals waren es „Die Schölermanns", heute ranken sich die Geschichten, Intrigen und Romanzen um zahlreiche weitere Soap-Familien. Einige der Sendungen sind so bekannt, dass sie über mehrere Jahrzehnte produziert und ausgestrahlt wurden und es auch heute noch werden. Sicher kennst du einige von ihnen. Lies den Hinweis und trage in jedes Feld den Namen der Sendung ein, auf die er sich bezieht.

1// Die erfolgreichste werktägliche Fernsehserie Europas: Die Erzählung um die Familie Saalfeld und das Hotel Fürstenhof ist unter anderem in Italien, Polen, Bulgarien, aber auch Kanada zu sehen.

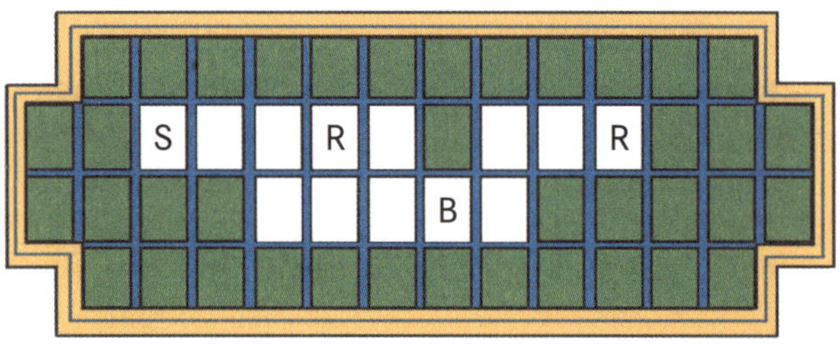

2// Erste Telenovela mit einer Protagonistin im Alter Mitte vierzig. Schauplatz für die Handlung ist die Stadt Lüneburg. Als Gaststars waren schon Thomas Anders, Jürgen Drews und Oli P. als Tanzlehrer dabei. Trägt den Namen einer symbolträchtigen Liebes-Pflanze im Titel.

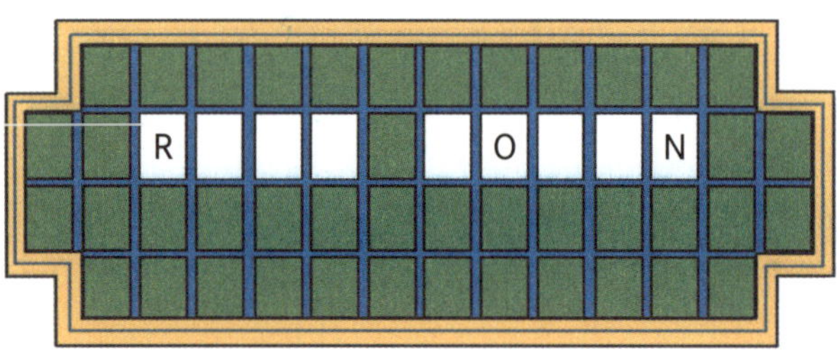

3// Der Titelsong „Liebe ist" wurde von der Sängerin Nena beigesteuert und landete zum Start der SAT. 1-Telenovela an der Spitze der deutschen Charts. Die Geschichte handelt von Lisa, die in einem renommierten Modehaus von der Catering-Aushilfe zur Geschäftsführerin avanciert. Spielt in der Bundeshauptstadt.

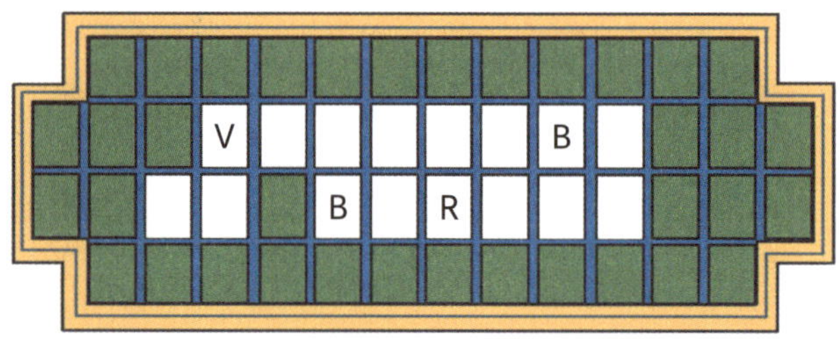

4// Erfolgreichste deutsche Daily-Soap. So erfolgreich, dass sie wahrscheinlich deine erste Assoziation zum Thema Soap ist. Wenn du trotzdem einen Hinweis brauchst: Ihr Titel wird meist mit den Buchstaben GZSZ abgekürzt.

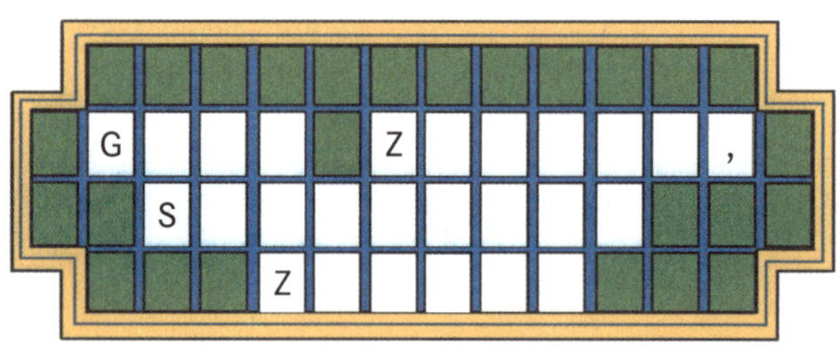

5// Erfolgreichste deutsche Krankenhausserie. Obwohl sich das Krankenhaus, das als Schauplatz dient, in Leipzig befindet, spricht niemand sächsisch. Neben der Originalserie gibt es noch einen Ableger, der sich auf die Krankenschwestern fokussiert, und einen über junge Ärzte.

8// Diese Seifenoper wurde hingegen in München gedreht, obwohl sie in Köln spielen soll. Benannt ist sie nach einem fiktiven Kölner Stadtteil. Zunächst wollte man sie in Mannheim spielen lassen, befürchtete aber, der Dialekt könnte einige Zuschauer abschrecken.

6// Beinahe zehn Jahre lang lief die wöchentliche Soap, in der Katy Karrenbauer den Mitinsassinnen in der JVA Reutlitz zeigte, wo es langgeht. Das fiktive Gefängnis wurde regelmäßig auch in anderen Soaps als Schauplatz verwendet.

9// Diese Soap unterscheidet sich von anderen deutschen Artgenossen dadurch, dass sie sich nicht mit den Durchschnittsbürger*innen, sondern der High Society rund um einige Adelsfamilien beschäftigt. Nicht wenige der zahlreichen Liebesbeziehungen scheitern nach dem Romeo-und-Julia-Prinzip, nach dem die Serie auch benannt ist.

7// Sie gilt als langlebigste deutsche Seifenoper und lief über 34 Jahre lang, bis im März 2020 die letzte Folge im deutschen Fernsehen ausgestrahlt wurde. Til Schweiger sammelte hier seine ersten TV-Erfahrungen. Schauplatz der Serie sind mehrere angrenzende Mehrfamilienhäuser in München, gedreht wurde allerdings in Köln.

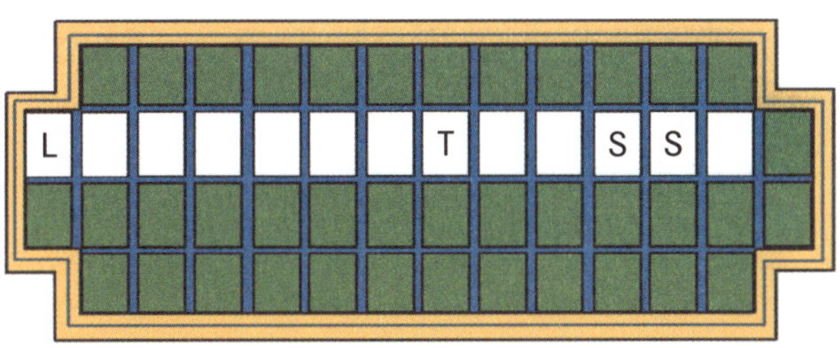

10// Die Soap sollte ursprünglich „Dianas Traum" heißen und dreht sich in weiten Teilen um das Thema Eiskunstlauf. Den Titelsong „Nie genug" steuerte die österreichische Sängerin Christina Stürmer bei. Mit Sendestart im Jahr 2006 handelt es sich um eine der jüngeren Seifenopern im deutschen Fernsehen.

Quiz

Sehenswürdigkeiten vor der Haustür

Heutzutage ist es das Normalste der Welt, nach Indonesien in den Urlaub zu fahren, ohne überhaupt die eigene Heimat zu kennen. Aber es gab eine Zeit, in der dies nicht der Fall war. In diesem Quiz kannst du unter Beweis stellen, dass du dich mit den hiesigen Sehenswürdigkeiten und Kulturdenkmälern bestens auskennst.

1// Die 2016 eröffnete Hamburger Elbphilharmonie wurde als neues Wahrzeichen der Hafenstadt konzipiert. Dank ihrer wellenförmigen Erscheinung ist sie nicht nur unverwechselbar, sondern auch wahnsinnig unpraktisch, wenn es darum geht, sie instand zu halten. Für die Reinigung der unebenen Fensterfront treten dreimal jährlich speziell ausgebildete Industriekletterer an, die sich in Sechs-Stunden-Schichten vom Dach der „Elphi" abseilen. Wie lange dauert der Putzvorgang insgesamt?

a) **1 Woche**
b) **3 Wochen**
c) **6 Wochen**

2// Die „Elphi" ist keineswegs die einzige Sehenswürdigkeit der norddeutschen Hafenstadt, die viel Fingerspitzengefühl erfordert: Eines der am häufigsten besuchten Touristenziele in Hamburg ist das Miniatur Wunderland, das neben einer sehr, sehr kleinen Version von Hamburg auch Miniaturflugreisen nach Italien, Patagonien und Rio zeigt. Wie viele Miniflugzeuge heben an einem Besuchstag dort ab?

a) **50**
b) **250**
c) **800**

3// Eine Miniaturausgabe des wohl bekanntesten deutschen Wahrzeichens befindet sich außerdem in den Geldbörsen, Sofaritzen und Getränkehaltern der Deutschen, und zwar als Motiv auf einigen Euromünzen. Welche der folgenden Münzen zeigt das Brandenburger Tor?

a) **5-Cent-Münze**
b) **50-Cent-Münze**
c) **1-Euro-Münze**

4// Um einiges „wertvoller" scheint hingegen die Burg Eltz im rheinland-pfälzischem Wierschem, denn sie durfte von 1961 bis 1995 sogar den 500-DM-Schein zieren. Vielleicht liegt das an ihrer langen Historie: Die Burg gibt es schon seit über 800 Jahren und befindet sich seit Mitte des 12. Jahrhunderts ohne Unterbrechungen im Besitz der Familie Eltz. Wie vielen Generationen Familienbesitz entspricht das wohl?

a) **23 Generationen**
b) **34 Generationen**
c) **45 Generationen**

5// Der Kölner Dom zählt zweifelsohne zu den berühmtesten Kathedralen in Deutschland, die größte ist sie aber nicht. Der Kirchturm des Ulmer Münsters überragt die beiden Domtürme um ganze vier Meter und ist damit sogar der höchste Kirchturm der Welt. Welche Großveranstaltung findet alle zwei Jahre in Ulm statt?

a) **Der Württembergische Landesposaunentag**
b) **Das Badische Blasmusikfestival**
c) **Winterkonzert der Schwaben-Symphoniker e.V.**

6// Zu den bedeutendsten deutschen Bauwerken gehört das Schloss Neuschwanstein, das ursprünglich für König Ludwig II. errichtet wurde und heute jährlich von rund 1,5 Millionen Besuchern an die Grenzen seiner Belastbarkeit getrieben wird. Als 2007 über sieben neue Weltwunder abgestimmt wurde, landete das Schloss ... auf Platz acht. Welches dieser Bauwerke schaffte es hingegen in die Top sieben?

a) **Eiffelturm**
b) **Stonehenge**
c) **Machu Picchu**

7// Friedrich II. schuf sich mit Schloss Sanssouci einen Rückzugsort „ohne Sorgen" – so die deutsche Übersetzung des Schlossnamens –, an dem er entspannte Zeit mit seinen Hunden verbringen konnte. Frauen waren nicht willkommen. Sogar seine Ehefrau lebte in einer anderen Residenz. Welcher französische Philosoph durfte hingegen im Schloss hausen?

a) **Voltaire**
b) **Descartes**
c) **Rousseau**

8// Der Marienplatz in München ist nicht nur aufgrund seiner zentralen Lage einer der meistbesuchten Plätze der bayerischen Landeshauptstadt – es gibt auch allerlei zu sehen: den Fischbrunnen, das Glockenspiel, das Alte und das Neue Rathaus und außerdem die Bronzestatue einer literarischen Figur, die man hier vielleicht nicht vermuten würde. Welcher?

a) **Don Quijote (aus Don Quijote)**
b) **Julia (aus Romeo und Julia)**
c) **Kapitän Ahab (aus Moby Dick)**

9// Wusstest du, dass sich das höchste Denkmal Europas in Deutschland befindet? Es ist 91 Meter hoch, wurde 1913 eingeweiht und gedenkt der sogenannten Völkerschlacht, in der Napoleon einer Allianz aus Russland, Preußen, Österreich und Schweden unterlag. In welcher Stadt – in der auch das Völkerschlachtdenkmal steht – fand sie statt?

a) **Dresden**
b) **Leipzig**
c) **Chemnitz**

10// Das Völkerschlachtdenkmal ist Teil der Initiative „Straße der Monumente", ein Zusammenschluss, der sich für die größere Bekanntheit einiger Denkmäler in Mittel- und Ostdeutschland einsetzt. Welches der folgenden Denkmäler gehört nicht dazu, weil wir es erfunden haben?

a) **Kaiser-Wilhelm-Denkmal**
b) **Marine-Ehrenmal**
c) **Siegesdenkmal Monumentum Victoriae**

Verbinden

*Ergraute Rebell*innen*

Heutzutage rebelliert man von zu Hause aus: Nur wenige Klicks sind nötig, um seine Forderungen zur Weltverbesserung hinaus ins World Wide Web zu schicken. Damals, in den 60er- oder 70er-Jahren hingegen fanden die Revolutionen noch draußen auf der Straße statt. Viele deiner Generation, vielleicht auch du, haben ihre Grundsätze lautstark und persönlich verteidigt. Manche tun das immer noch. Ordne jeder dieser Berühmtheiten den guten Zweck zu, für den sie sich eingesetzt haben.

Person

- Jane Goodall
- Javier Bardem
- Jane Fonda
- George Clooney
- Angela Davis
- Angelina Jolie
- Brigitte Bardot
- Gloria Steinem
- Leonardo DiCaprio
- Dolly Parton

Guter Zweck

1// Sie wurde wegen ihrer Proteste gegen den Klimawandel verhaftet.

2// Eine der meistgesuchten Black Panther der 60er-Jahre.

3// Hat die Schauspielerei noch vor dem 40. Geburtstag an den Nagel gehängt, um sich voll und ganz den Tieren zu widmen.

4// Hat einen Dokumentarfilm gedreht, um auf den Klimawandel aufmerksam zu machen.

5// Die Country-Queen, die für die Corona-Impfung gespendet hat.

6// Meidet Kameras, es sei denn, er filmt gerade oder setzt sich für den Schutz der Meere ein.

7// Kennt wilde Schimpansen wahrscheinlich am besten.

8// Ist mit einer Anwältin für Menschenrechte verheiratet und hat mit ihr eine NGO zur Stärkung dieser gegründet.

9// Eine Ikone des Feminismus. Hat 2021 den Preis der Prinzessin von Asturien für Kommunikation und Geisteswissenschaften bekommen.

10// Hat sich nach einem Dreh in Kambodscha in eine Verfechterin der Kinderrechte verwandelt.

Identifizieren

Wortfamilien

In diesen Wortfamilien haben wir einige Wörter versteckt, die nicht so ganz mit dem Rest zusammenpassen, auch wenn es auf den ersten Blick so erscheinen mag. Sie drehen sich alle um das gleiche Thema, allerdings gehören nicht alle sinngemäß zum selben semantischen Feld. Findest du die nicht passenden Begriffe?

1// Pizza – Paella – Suppe – Kichererbse – Bohneneintopf – Schnitzel

2// Wein – Wasser – Limonade – Flasche – Milch

3// Schwimmbad – Meer – Pool – Fluss – Liegestuhl – Whirlpool

4// Knie – Quadrizeps – Handgelenk – Knöchel – Schulter – Ellbogen

5// Zimmer – Einfamilienhaus – Penthouse – Duplex – Wohnung – Landhaus

6// Frankreich – Spanien – Vereinigtes Königreich – Italien – Griechenland – Deutschland

7// Katze – Hamster – Kanarienvogel – Hund – Schildkröte – Affe

8// Walzer – Polka – Tango – Swing – Cha Cha Cha – Kirmes

9// Sonne – Erde – Jupiter – Mars – Galaxie – Saturn – Mond

10// Facebook – WhatsApp – TikTok – Smartphone – Twitter – Telegram

11// Sandale – Socke – Stiletto – Pantoffel – Ballerina – Sneaker

12// Tulpe – Margerite – Rose – Knospe – Lilie – Gänseblümchen

13// Sessel – Stuhl – Sofa – Schemel – Kommode – Bank

14// Deutsch – Französisch – Flämisch – Sächsisch – Italienisch – Spanisch

15// Tomate – Avocado – Artischocke – Zitrone – Birne – Apfel

Schätzen

Gefährliches Halbwissen

Moderne Zeiten: Seit das Internet der Verbreitung von Falschmeldungen in die Karten spielt, macht sich eine Spaltung in der Gesellschaft bemerkbar, und die Grenzen zwischen Wahrheit und Fiktion verschwimmen mehr und mehr. In diesem Quiz wollen wir zu etwas mehr Konsens beitragen, indem wir uns auf das Dazwischen fokussieren. Die Grauzonen, die unbestimmten Bereiche, in deren Mitte irgendwo die Wahrheit liegt. Wie leicht fällt es dir, die Wahrheit aufzuspüren? Beweise es in diesen Schätzfragen, indem du den passenden Wert auf der gegebenen Skala ankreuzt.

1// Wie tief ist der tiefste natürliche Punkt auf der Erde?

8.000 m — **13.000 m** — **18.000 m**

2// In wie viele Zeitzonen ist Russland eingeteilt?

1 — **10** — **20**

3// Wie viele **Katzen** und wie viele **Hunde** leben jeweils in deutschen Haushalten?

0 — **10 Millionen** — **20 Millionen**

4// Wie lange braucht man etwa, um mit dem Rad von München nach Leipzig zu fahren (ohne Pausen)?

10 h — **45 h** — **80 h**

5// Wie lang ist der längste Fluss der Welt?

1000 km — **4000 km** — **7000 km**

6// Wann wurde die Londoner U-Bahn eröffnet?

1850 — **1900** — **1950**

7// In wie viele Sprachen wurden die *Harry Potter*-Bücher von J.K. Rowling übersetzt?

1 — **60** — **120**

8// Wie hoch sind die fünf höchsten Berge der Welt zusammen?

40.000 m — 42.500 m — 45.000 m

9// Wie viele Personen waren auf dem meistbesuchten Einzelkonzert der Welt im Publikum?

0 — 5 Millionen — 10 Millionen

10// Wie schwer muss laut Regelwerk ein Formel-1-Auto inklusive Fahrer*in mindestens sein?

1 kg — 600 kg — 1200 kg

11// Wann forderte die Entwicklung der Luftfahrt ihr erstes Todesopfer?

1600 — 1800 — 2000

12// „Ich liebe dich bis zum Mond und zurück!“ Wie viele Kilometer hat meine Liebe zurückgelegt?

1 km — 500.000 km — 1 Mio km

13// Wie viel Gramm Weintrauben braucht man, um eine Flasche Wein herzustellen?

0 g — 1500 g — 3000 g

14// Wie groß ist der Strafraum eines Fußballfeldes?

0 m^2 — 500 m^2 — 1000 m^2

15// Wie viele Reiskörner sind ungefähr ein Kilo?

0 — 50.000 — 100.000

16// In welchem Jahr fand das Münchner Oktoberfest zum ersten Mal statt?

1200 — 1600 — 2000

Identifizieren

Große Beleidigungen

Jemanden elegant zu beleidigen ist eine Kunst für sich. In Versform gegen den Feind zu wettern ist sicher noch viel befreiender. Dafür gibt es viele gute und berühmte Beispiele. Von den bekanntesten Autor*innen bis hin zu den Giganten der Musik: Verbinde jede der bekannten Beleidigungen mit ihrem*r Urheber*in.

Miguel de Cervantes / John Gielgud / John Lennon / Winston Churchill / Jim Carrey / Bette Davis / Elton John / Susan Sarandon / Muhammad Ali / William Shakespeare

1// „Nun, er ist des Prinzen Hofnarr: ein sehr schaler Spaßmacher, der nur das Talent hat, unmögliche Lästerungen zu ersinnen."

Autor*in: ....

Tipp: Das sagt Beatrice in *Viel Lärm um nichts.*

2// „Er ist wie ein Affe mit Arthritis, der auf der Bühne immer noch jung aussehen will."

Autor*in: ....

Tipp: Diese Worte richten sich an Keith Richards (The Rolling Stones).

3// „Sie spricht zwar fünf Sprachen, aber in keiner davon kann sie schauspielern."

Autor*in: ....

Tipp: Der Theater- und Filmschauspieler spricht von Casablanca-Star Ingrid Bergman.

4// „Er ist nicht einmal der beste Schlagzeuger bei den Beatles."

Autor*in: ....

Tipp: Schlagzeuger, Beatles ... ja, mit dieser Beleidigung ist Ringo Starr gemeint.

5// „O du nichtswürdiger Schurke, du schlecht denkender, ungezogener, verräterischer, unwissender, dummer, verleumderischer, tollkühner Lästerer und Lügner!"

Autor*in: ....

Tipp: Das sagt ein erfinderischer und sehr bekannter Edelmann zu seinem Begleiter.

6// „Mel Gibson ist irgendwo rechts von Attila dem Hunnen. Er sieht gut aus, allerdings nur von außen."

Autor*in: ....

Tipp: Mel und die Person, die ihn beleidigt hat, gewannen 1996 beide einen Oscar. Er als Regisseur von *Braveheart,* die andere Person für ihre Darstellung in Dead Men Walking.

7// „Wenn sie aus schimmeligem Brot Penicillin machen können, können sie sicher auch etwas aus dir machen.“

Autor*in: ....

Tipp: Was im ersten Moment ziemlich gemein klingt, sollte ein Rat sein, bis zum Abschluss die Schule zu besuchen.

8// „Hinter jedem großen Mann steht eine Frau, die mit den Augen rollt.“

Autor*in: ....

Tipp: Sagt der US-Komiker über große Männer und meint sich selbst dabei mit.

9// „Er brauchte zierliche oder geradezu knabenhafte Frauen an seiner Seite, um für einen Macho gehalten zu werden. Hätten ich oder Crawford mit ihm zusammen gespielt, hätten wir ihn zum Frühstück verputzt.”

Autor*in: ....

Tipp: In diesen Worten an Cary Grant ist auch Katharine Hepburn nicht besonders gut davongekommen.

10// „Er besitzt alle Tugenden, die ich nicht mag, und keines der Laster, die ich bewundere.”

Autor*in: ....

Tipp: Diese Worte richtete ein britischer Politiker an einen anderen mit dem Namen Stafford Cripps.

Zuordnen

Für mich soll's rote Rosen regnen

Rosen, Tulpen, Nelken – die europäische Pflanzenvielfalt lässt die gut gedüngten Herzen aller Hobby-Botaniker*innen höher schlagen. Einige Pflanzen sind historisch und symbolisch so eng mit ihrem Heimatland verknüpft, dass man sie gar zur (offiziellen oder inoffiziellen) Nationalblume erklärt hat. Kannst du zuordnen, welches Land zu den beschriebenen Blumen gehört?

Spanien / Schottland / Irland / Ukraine / Österreich / Frankreich / Estland / Polen / Niederlande / Vereinigtes Königreich

1// Rosen gelten gemeinhin als das Symbol der Liebe. Vorausgesetzt, sie sind rot. Ihre weiße Variante ist mitunter auch das Symbol der Widerstandsbewegung Weiße Rose, der unter anderem auch Hans und Sophie Scholl angehörten. Eine symbolische Rose, in der beide Farbvarianten vorhanden sind, ist die Tudor-Rose, die nicht nur im kanadischen Wappen abgebildet ist, sondern auch in dem von ...

Land: ....

Tipp: Die Flagge des Landes wird auch *Union Jack* genannt.

2// Tulpen stammen eigentlich aus Gebieten in Nordafrika, Zentralasien und dem südöstlichen Mittelmeerraum, sind heute aber auch in Europa weit verbreitet. In dem Land, in dem sie heute als Nationalblume gelten, wurden die Tulpenzwiebeln im Winter 1944/45 aufgrund einer Hungersnot zum Nahrungsmittel umfunktioniert und fielen durch ihren außergewöhnlichen Geschmack auf. Das war in ...

Land: ....

Tipp: Maasdamer und Gouda sind Käsesorten aus diesem Land.

3// Nelken gelten heute als Symbol der Arbeiterbewegung und werden im Logo zahlreicher sozialistischer Parteien weltweit abgebildet. In Portugal wurde eine ganze Revolution nach der Zierpflanze benannt. Nationalblume ist sie aber nicht dort, sondern in ...

Land: ....

Tipp: Gesucht ist ein Nachbarland von Portugal.

4// Nach so viel Blütenpracht schauen wir uns doch mal eine Nationalblume an, die nicht wegen ihrer Schönheit, sondern wegen ihrer Widerspenstigkeit ihren Status erhält: die Distel. Das stachelige Unkraut soll den Stolz und die Standhaftigkeit der Bevölkerung ausdrücken.

Land: ....

Tipp: Das Land ist berühmt für seine Highland Games.

5// Nicht erst seit van Goghs impressionistischen Gemälden gilt die Sonnenblume als besonders ästhetische Pflanze. Sie ist darüber hinaus aber auch überaus nützlich: Ihre Kerne und das aus ihr gewonnene Sonnenblumenöl liefern dem menschlichen Körper reichlich Nährstoffe. Sie ist die Nationalblume in dem Land, das auch als größter Exporteur von Sonnenblumenöl gilt.

Land: ....

Tipp: Die Landesflagge deutet ein goldenes Feld unter blauem Himmel an.

6// Das Edelweiß erlangte seinen Status in dem gesuchten Land, nachdem Kaiser Franz für seine Gattin Elisabeth ein Exemplar der sternförmigen Alpenpflanze pflückte. Seither gilt sie nicht nur als Symbol der bis heute populären Kaiserin, sondern dient auch als Logo für zahlreiche Alpenvereine und steht unter Naturschutz.

Land: ....

Tipp: Zum Kaiserreich gehörte neben dem gesuchten Land auch Ungarn.

7// Die Lilie und ihre unterschiedlichen Gattungen finden sich auf allen Kontinenten der Erde. Eine entfernte Verwandte, die Schwertlilie, spielt eine große Rolle in der Heraldik und findet sich in zahlreichen Wappen wieder: zum Beispiel im Stadtwappen von Wiesbaden oder im Logo des SV Darmstadt 98. Eine größere Bedeutung spielt sie allerdings in einem anderen Land, wo sie lange Zeit die Monarchenfamilie repräsentierte.

Land: ....

Tipp: Dort trägt das Schwertlilien-Symbol den Namen *Fleur-de-Lys.*

8// Beim Gedanken an Mohn ist es beinahe unmöglich, nicht an weitläufige, rot leuchtende Blütenmeere zu denken. Er zählt zu den ältesten Heilpflanzen, nicht zuletzt deswegen, weil bei der Ernte von Schlafmohn das Betäubungsmittel Opium gewonnen werden kann. In Deutschland ist sein Anbau daher genehmigungspflichtig, in Österreich hingegen erlaubt.

Land: ....

Tipp: Die Mohnsorte *Mieszko* ist nach einem ehemaligen Fürsten des gesuchten Landes benannt.

9// Die Kornblume ist ähnlich wie der Mohn vor allem für ihre Farbe bekannt, die so ikonisch ist, dass sie gleich nach ihr benannt wurde. Der niederländische Maler Vermeer nutzte „Kornblumenblau" gerne in seinen Gemälden, zum Beispiel im Stirnband von dem *Mädchen mit dem Perlenohrring.* Der Ausdruck „kornblumenblau" wird salopp auch für eine Person verwendet, die „stark betrunken" ist.

Land: ....

Tipp: Gesucht ist der nördlichste der drei baltischen Staaten.

10// Es gibt ein Land, dessen offizielles National*symbol* eine Pflanze ist, die nicht die National*pflanze* des Landes ist. Nationalpflanze ist nämlich der „gemeine Lein", eine beeindruckend unspektakuläre Wiesenpflanze. Eine solche ist es aber auch, die zum nationalen Symbol des Landes auserkoren wurde: das Kleeblatt.

Land: ....

Tipp: Zum St. Patricks Day wird nicht mit gemeinem Lein dekoriert.

Erkennen

Universelle Kleidung

Es gibt ein neues Hobby unter den Milliardären dieser Welt: Sie reisen ins Weltall, und du kannst zuschauen. Ein ziemlich effektives Mittel, um zu zeigen, dass man sehr viel Geld hat. Das Mindeste, was wir verlangen können, ist, dass sie es mit etwas Stil tun. Deshalb haben wir einige Outfit-Ideen aus Film und Fernsehen gesammelt: Ordne jeden Look dem Film, der Serie oder dem Zeichentrickfilm zu, dem er entnommen ist.

WALL-E / Tim und Struppi / 2001: Odyssee im Weltraum / Futurama / Star Trek / Interstellar / Der Marsianer / Armageddon / Die Simpsons / Alien / Star Wars / Mars Attacks!

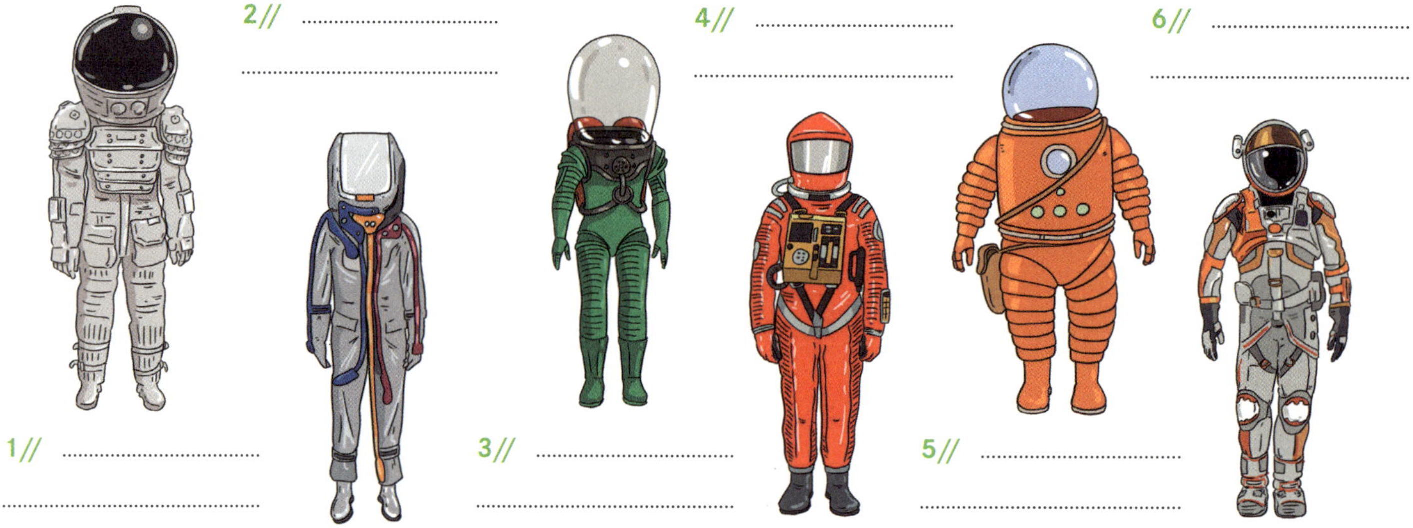

Sortieren

Wann war was?

Kennst du das, wenn auf einer Veranstaltung gerade das Büfett eröffnet wird, dein Magen knurrt und dein Gegenüber nichts Besseres zu tun hat, als historische Daten aufzuzählen, einfach weil er wahnsinnig stolz ist, sie zu kennen? Wir, dein Magen und ich, wissen beide, dass es so wichtig nicht sein kann, die genauen Jahreszahlen historischer Ereignisse zu kennen. Was allerdings nützlich sein kann, ist, die Ereignisse im Verhältnis zueinander einordnen zu können. Gelingt es dir, zu benennen, in welcher Reihenfolge die unten genannten Ereignisse jeder Kategorie eingetreten sind? Beweise es, indem du sie von früh bis spät mit den Zahlen 1–5 nummerierst.

1// Filme

- ☐ Psycho
- ☐ Spiel mir das Lied vom Tod
- ☐ Citizen Kane
- ☐ Stirb langsam
- ☐ Manche mögen's heiß

2// Erfindungen

- ☐ Flugzeug
- ☐ Telefon
- ☐ Buchdruck
- ☐ Automobil
- ☐ Glühbirne

3// Songs der 80er

- ☐ Jeanny – Falco
- ☐ Time After Time – Cindy Lauper
- ☐ Thriller – Michael Jackson
- ☐ You're My Heart, You're My Soul – Modern Talking
- ☐ Looking For Freedom – David Hasselhoff

4// Geburtsjahr

- ☐ Wolfgang Petry
- ☐ Hans Scholl
- ☐ Christian Ulmen
- ☐ Rosamunde Pilcher
- ☐ Andrea Bocelli

5// Promi-Trennung

- ☐ Dieter Bohlen und Nadja Abd El Farrag
- ☐ Florian Silbereisen und Helene Fischer
- ☐ Brad Pitt und Jennifer Aniston
- ☐ Sylvie Meis und Rafael van der Vaart
- ☐ Heidi Klum und Seal

6// Historische Ereignisse

- ☐ Entdeckung der Röntgenstrahlung
- ☐ Gründung der USA
- ☐ Angriff auf Pearl Harbor
- ☐ Sturm auf die Bastille
- ☐ Beginn des 1. Weltkriegs

7// Geschichte des 20. Jahrhunderts

- ☐ Reaktorunfall Tschernobyl
- ☐ Kniefall von Warschau
- ☐ Mauerfall
- ☐ Erste Ölpreiskrise
- ☐ Entführung der „Landshut"

8// Crossover

- ☐ Erfindung der Glühbirne
- ☐ Geburtsjahr von Andrea Bocelli
- ☐ Trennung von Brad Pitt und Jennifer Aniston
- ☐ Veröffentlichung von Thriller
- ☐ Kniefall von Warschau

Identifizieren und beantworten

Nachmittags im Museum

1// Auf welchem Objekt steht diese Siegesgöttin aus der hellenistischen Zeit im Louvre?

a) **Einem Schiffsbug**
b) **Einer Pyramide**

N_ _ _ V_ _ S_ _O_ _R_ _ _

2// Man kennt den Maler dieses Porträts als El Greco. Wie ist sein richtiger Name?

a) **Yanis Varoufakis**
b) **Doménikos Theotokópoulos**

D_ _ _I_T_ _ _I_ D_ _ H_ _ _
_U_ _ _R B_ _ _ _

3// 1938 hat sich Frida Kahlo zusammen mit einem Affen und einer schwarzen Katze gemalt. Wo wurde die Künstlerin geboren?

a) **Mexiko**
b) **Kuba**

_E_ _S_B_ _ _ _I_ _I_
D_ _ _ _ _H_ _ _ _ _N_

4// In welchem Museum findet man diese hellenistische Statue, die die Göttin der Liebe, Schönheit und Fruchtbarkeit darstellt?

a) **Louvre**
b) **Orsay**

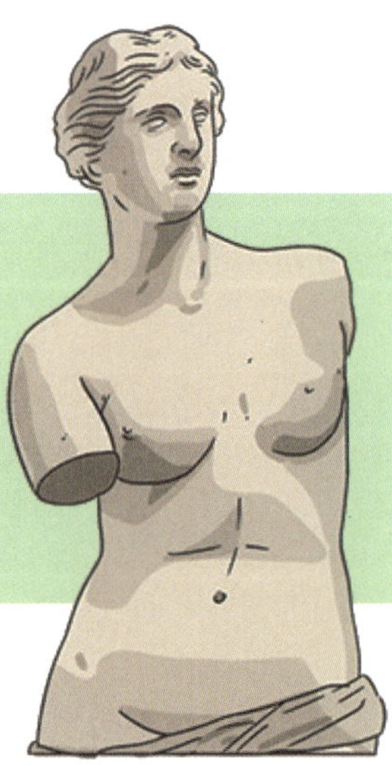

_E_ _ _ _O_
M_ _ _

In Zeiten wie diesen schätzt man Museen sehr für ihre Klimaanlagen, aber auch, weil sie einige der berühmtesten Kunstschätze der Welt beherbergen, von denen wir hier einige zusammengestellt haben. Deine Aufgabe ist es, sie zu identifizieren und, um das Ganze etwas aufzupeppen, eine Frage über sie zu beantworten. Auf geht's!

5// Im Ausgang von welchem Museum kann man diese Skulptur von der Französin Louise Bourgeois finden?

a) **Reina Sofia (Madrid)**
b) **Guggenheim (Bilbao)**

_ _ _A_

7// Dieser Künstler war von dieser Blume so besessen, dass er sie in all ihren Facetten malte. Es gibt tatsächlich drei Versionen des Gemäldes mit der gleichen Anzahl von Blumen in der Vase (14). Wer hat sie gemalt?

a) **Paul Gauguin**
b) **Vincent van Gogh**

_ _ _ _ _NN_ _ _L_ _ _ _

6// Dieses Gemälde von Leonardo da Vinci ist ohne jeden Zweifel das bekannteste der Welt. Wer ist hier abgebildet?

a) **Lisa Gherardini**
b) **Lucrezia de' Medici**

_ _ _ _O_ _ _ _ _ _

8// Wie hoch ist diese Michelangelo-Statue, die in der Galleria dell'Accademia in Florenz ausgestellt ist?

a) **5,17 Meter**
b) **3,23 Meter**

_ _ _ _D

Buchstabensuppe

Eine Bloody Mary, bitte

Wer braucht schon Suppe, wenn man auch eine gute Bloody Mary haben kann? Niemand. In dieser Buchstabensuppe haben wir die Namen verschiedener Cocktails, ihrer Zutaten und ihrer Folgeerscheinungen versteckt. Sie können horizontal, vertikal und diagonal von links nach rechts auftauchen. Trink während deiner Suche gerne eine Bloody Mary, aber sag nicht, dass wir dich nicht gewarnt hätten, wenn die Buchstaben plötzlich anfangen zu verschwimmen.

MIMOSA / MARGARITA / NEGRONI / WHITE RUSSIAN / COSMOPOLITAN / RAUSCH / MOJITO / OLIVE / BLOODY MARY / KATER / TEQUILA / COCKTAIL / MANHATTAN / CAIPIRINHA / DAIQUIRI / WODKA / GIN TONIC

E	Q	O	J	P	H	P	L	X	W	N	E	G	R	O	N	I	Q	D	W	K	R
C	J	X	J	E	T	P	Z	F	I	C	D	L	R	F	L	E	H	G	C	F	A
Z	O	G	J	L	R	A	U	S	C	H	L	O	O	G	V	A	D	E	B	D	E
N	B	S	M	D	F	B	Z	F	K	C	A	I	P	I	R	I	N	H	A	G	H
L	V	Y	M	O	G	L	R	I	W	C	T	F	Q	J	R	A	S	E	J	D	F
E	X	C	H	O	J	M	R	J	B	B	O	F	C	A	Q	T	Y	X	Q	Q	Z
J	I	V	H	H	P	I	Y	O	E	K	D	C	M	X	Q	B	F	B	J	D	J
N	L	O	C	Q	G	O	T	R	R	W	A	P	K	S	C	C	N	J	T	A	M
W	J	P	U	J	Y	N	L	O	Z	X	H	P	I	T	M	Y	L	R	P	I	A
O	C	F	L	H	S	O	B	I	Q	Q	T	I	O	O	A	S	B	J	J	Q	N
G	H	O	I	S	T	O	L	E	T	M	G	B	T	C	S	I	R	J	E	U	H
G	O	L	X	C	O	Z	O	I	Y	A	L	I	E	E	U	Z	L	E	Q	I	A
K	Y	I	G	W	F	T	O	Y	G	R	N	D	N	Z	R	V	W	A	Z	R	T
Y	S	V	K	F	A	E	D	X	H	L	M	Z	R	T	P	U	N	O	J	I	T
B	H	E	W	D	Y	Q	Y	K	A	T	E	R	A	U	O	K	S	N	D	C	A
C	W	F	W	L	K	U	M	Y	P	L	Y	H	O	B	P	N	O	S	G	K	N
D	W	G	S	S	D	I	A	K	H	R	J	V	X	Y	U	Z	I	A	I	B	A
O	L	H	Q	H	I	L	R	E	M	A	R	G	A	R	I	T	A	C	L	A	X
N	X	N	S	I	Y	A	Y	I	M	I	M	O	S	A	L	T	P	Z	B	B	N
K	R	V	E	M	Q	M	Z	U	M	X	F	A	P	Y	G	X	Z	K	V	E	F
W	O	I	K	M	M	F	F	Z	Y	Z	V	B	Y	M	E	R	V	K	N	D	B
V	D	Y	S	M	M	S	A	R	G	N	E	U	G	W	C	D	Z	U	P	N	Y

Finden

Veronika, der Herbst ist da

Oh, der Herbst. Er kommt, ohne um Erlaubnis zu fragen, wenn wir noch nicht mal vom Sommer gesättigt sind, und verlässt uns erst kurz vor Weihnachten. Die Vögel ziehen fort, die Blätter fallen, und die Kälte kommt, um zu bleiben. Und so haben sich in diesem kahlen und offensichtlich sehr gemütlichen Baum verschiedene Tiere versammelt. Aber zwischen den Vögeln, Fledermäusen und Nagetieren haben sich auch einige eher ungewöhnliche Gäste eingeschlichen: eine Katze, ein Kaninchen, ein Bär, ein Koala, ein Kürbis, ein Gespenst, ein Affe, ein Marsmensch, Ludwig van Beethoven und Batman sind unter den Zweigen zu finden.

Quiz

Scherzkekse

Im Karneval ist jeder Scherz erlaubt und auch davor (und danach) sollte man nicht zimperlich sein, denn Humor und Späße sind die Würze des Lebens. Auch weil der Mensch in seiner Geschichte noch nie ohne sie auskommen konnte. Hier sind Berichte von einigen der größten Spaßvögel aller Zeiten. Beantworte die Fragen dazu.

1// Beginnen wir in der Antike. Der römische Kaiser Heliogabalus liebte es, seine Gäste so zu betrunken zu machen, dass sie keine andere Wahl hatten, als in seinem Palast zu übernachten. Mitten in der Nacht ließ er dann wilde Tiere frei, um sie zu Tode zu erschrecken. Diese Streiche fanden die Leute so lustig, dass es schließlich zu einer Revolte kam und man ihm den Kopf abschlug. Er wurde in der Nähe von Damaskus geboren. Wo liegt das?

a) **Jordanien**
b) **Syrien**
c) **Libanon**

2// 1969 veröffentlichte die Zeitschrift *Rolling Stone* einen Artikel über die Masked Marauders („maskierte Plünderer"), eine Supergruppe, die von den Beatles, Mick Jagger und Bob Dylan gebildet wurde. Wenn sich das wie ein Witz anhört, dann deshalb, weil es einer ist. Und dennoch glaubten viele Menschen daran. Der Scherz wurde von einer (natürlich gefälschten) Schallplatte begleitet, von der 100.000 Exemplare verkauft wurden. Welches andere Ereignis fand 1969 statt?

a) **Die Ermordung Kennedys**
b) **Die Mondlandung**
c) **Ausbruch des Vietnamkriegs**

3// Wo sind die Grenzen des Humors? Wenn man der Sohn von Saddam Hussein ist, lautet die Antwort: nirgends. 1999 kündigte Uday Hussein auf dem Höhepunkt der Hungerkrise an, Obst, Pepsi und Schokolade an die Bevölkerung zu verteilen, doch am nächsten Tag erklärte er, es handele sich um einen Scherz. Das amüsierte die Familie Hussein und der Scherz wurde zwei Jahre später wiederholt. Welche der folgenden Aussagen über Saddam ist wahr?

a) **Er war ein Fan von Whitney Houston.**
b) **Er war ein Fan von Disney-Filmen.**
c) **Er war ein Fan von *Der Prinz von Bel-Air.***

4// An einem Tag im Jahr 1976 kam der Astronom Patrick Moore auf die Idee, bei der BBC zu verkünden, dass an diesem Tag um 9:47 Uhr aufgrund einer Konstellation der Planeten die Schwerkraft der Erde nachlassen würde (er empfahl sogar, zum Beweis zu springen). Das war natürlich ein Scherz, aber sofort riefen Tausende von Menschen an, um zu sagen, dass sie geschwebt hätten. Wie auch immer: Welcher dieser Planeten ist der Erde am nächsten?

a) **Jupiter**
b) **Mars**
c) **Merkur**

5// Brad Pitt und David Fincher trafen sich zu Silvester 1999 mit ihren Freunden in Mexiko, aber um Mitternacht fiel der Strom aus, und Soldaten stürmten das Haus und nahmen einige Gäste in einem Lastwagen mit. Es sollte ein Scherz sein: Pitt und Fincher hatten die Behörden dafür bezahlt, den Strom abzustellen und Soldaten zu schicken, die vorgaben, sie zu verhaften. Was für ein Spaß, oder? Übrigens, Mexiko nennen wir meist so, aber wie lautet der offizielle Name des Landes?

a) **Vereinigte Mexikanische Staaten**
b) **Mexikanische Republik**
c) **Union der mexikanischen Staaten**

6// Der Millionär Richard Branson, Gründer von *Virgin,* beschloss 1989, mit einem Heißluftballon über London zu fliegen, der wie ein UFO aussah. Im Inneren befand sich übrigens ein als Außerirdischer verkleideter Kleinwüchsiger. Das war nicht besonders lustig und sorgte obendrein für Chaos in der Stadt. In London leben etwa 9 Millionen Menschen. Welches dieser Länder ist weniger bevölkert als die englische Hauptstadt?

a) **Portugal**
b) **Norwegen**
c) **Schweden**

7// Eines Morgens im Jahr 2012 hatte Justin Bieber die brillante Idee, einen Tweet zu posten mit dem Text: „Ruf mich sofort an unter ...", gefolgt von einer Telefonnummer ohne Endziffer. Er hatte eine Menge Spaß, aber diejenigen, die diese Nummern hatten, erlebten die Hölle: Wochenlang erhielten sie Tausende von Anrufen, viele davon pikant. Mit wem ist Justin heute verheiratet?

a) **Selena Gomez**
b) **Miley Cyrus**
c) **Hailey Baldwin**

8// Keith Moon, Schlagzeuger von The Who, war ein großer Scherzkeks. Schade nur, dass seine Streiche meist mit Sprengstoff zu tun hatten. Um sein Debüt im amerikanischen Fernsehen zu feiern, hatte er 1967 die großartige Idee, sein Schlagzeug live in die Luft zu jagen. Er warnte niemanden davor und es wurde eine Katastrophe: Seine Band-Kollegen waren halb taub und Bette Davis, die anwesend war, fiel in Ohnmacht. Apropos Fernsehen: Was war das meistgesehene TV-Ereignis der Geschichte?

a) **Das Finale der Fußball-Weltmeisterschaft 2018**
b) **Die Beerdigung von Lady Di**
c) **Eröffnung der Olympischen Spiele in London 2012**

9// Im Jahr 1900 langweilte sich der Seemann Charles Lightoller in Sydney und beschloss, die Invasion Australiens vorzutäuschen. Er drang in ein Militärfort ein und feuerte Kanonen ab. Die Kugeln waren aus Baumwolle und es gab keine Toten, aber es gab Schäden und niemand war amüsiert. Jahre später arbeitete Lightoller auf der Titanic (ja, die Titanic) und war einer der Überlebenden. Wie viele Menschen waren auf der Titanic, als sie sank?

a) **2200**
b) **9200**
c) **5200**

10// Apropos Schiffe: Im Jahr 1910 war das britische Empire sehr stolz auf das Schlachtschiff Dreadnought, das modernste Schiff der Welt. Da Virginia Woolf und ihre Freunde es besichtigen wollten, aber nicht durften, beschlossen sie, ihre Gesichter schwarz zu malen, sich zu verkleiden und sich als Kaiser von Abessinien und Gefolge vorzustellen. Und man kaufte es ihnen ab. Es wurde sogar ein Staatsempfang vorbereitet. Als die Wahrheit bekannt wurde, fühlte sich die Royal Navy unangenehm verhöhnt. Welches Land ist heute Abessinien?

a) **Sudan**
b) **Kenia**
c) **Äthiopien**

11// Ein lustiger Spaßvogel hatte 1976 die Idee, in einer Zeitung die Eröffnung eines Hundebordells anzukündigen. Die Medien interessierten sich dafür und der Schelm baute das angebliche Bordell mit 20 Schauspielern und 15 Tieren nach. Eine ABC-Reportage darüber wurde sogar mit einem Emmy ausgezeichnet, bevor der Streich aufflog und dem Ganzen ein Ende gesetzt wurde. Der Streich fand in New York statt. Wie viele Wolkenkratzer (über 100 Meter hoch) gibt es in der Metropole?

a) **etwa 6500**
b) **etwa 8500**
c) **etwa 22000**

12// Wir wissen nicht, warum, aber der florentinische Künstler Filippo Brunelleschi wollte einen Zimmermann glauben machen, dass er in Wirklichkeit ein lokaler Schurke namens Matteo sei. Um Erfolg zu haben, überzeugte er halb Florenz, darunter auch Donatello (den Bildhauer, nicht die Schildkröte), ihn Matteo zu nennen und ihn so zu behandeln, als wäre er diese Person. Das Opfer wurde verrückt und verließ schließlich die Stadt. In welcher Disziplin war Brunelleschi in der Renaissance besonders erfolgreich?

a) **Architektur**
b) **Bildhauerei**
c) **Malerei**

13// Michelangelo hat in der Sixtinischen Kapelle einen bissigen Witz eingebaut. Er richtete sich gegen einen Beamten des Vatikans, der, entsetzt über die Aktdarstellungen, meinte, das Werk sei eher für eine Taverne geeignet. Aus Rache malte Michelangelo ihn in der Hölle, mit Eselsohren und einer Schlange, die ihn in den Penis beißt. Und das Bild ist immer noch da. Es ist bekannt, dass Michelangelo keinen tollen Charakter hatte: Mit welchem anderen großen Künstler hatte er bis zu seinem Tod eine heftige Feindschaft (derart, dass man sich gegenseitig auf der Straße beschimpft)?

a) **Raphael**
b) **Leonardo**
c) **Caravaggio**

14// „Schreckliches Unglück“: So lautete 1874 die Schlagzeile im *New York Herald* über einen Ausbruch aus dem Central Park Zoo: Tiger, Löwen, Panther, Hyänen und sogar ein Eisbär seien entkommen und verstümmelten und töteten Menschen auf der Straße. Natürlich war das nicht wahr. Ein Scherz, so die Zeitung, um den Zustand des Zoos anzuprangern. Die Panik, die dadurch ausgelöst wurde, war jedoch echt. An welchem Pol leben Eisbären?

a) **Südpol**
b) **Nordpol**
c) **Beide**

Sudoku

Immer schwieriger

Man kann von Sudokus einfach nicht genug kriegen. Hier findest du drei, von leicht nach schwer geordnet. Im ersten Sudoku müssen die Zahlen 1, 2, 3 und 4 in jeder Reihe und Spalte einmal vorkommen, im zweiten Sudoku die Zahlen 1 bis 6 und im dritten die Zahlen 1 bis 9. Wenn du alle drei korrekt löst, bekommst du ein Diplom, dass dich als Sudoku-Expert*in auszeichnet.

1.

		3	
1	4	2	
2	3		

2.

5		6		3	4
1		3	4	6	
6	4		1		
			6		
	6				5

3.

		4		8				7
6					4	1		
9							6	
2	5	1				8	7	6
3	8		5	2		4	1	
		6	8	1	7	3		5
1	6		3	4	9		8	
				5	1	6		3
	3	9			8	5	4	

Wahr oder falsch?

Fake News

Beep, beep. Und schon wieder bekommst du einen neuen Link zu einer nicht sehr seriösen Internetseite, auf der irgendjemand behauptet, dass 5G erfunden wurde, damit einige Wenige die Weltherrschaft an sich reißen können. Die Nachricht hat die WhatsApp-Gruppe deiner engsten Freund*innen, die deiner Arbeitskolleg*innen und sogar die Gruppe mit deiner unausstehlichen Hausgemeinschaft erreicht. Und die Nachrichten hier? Sind sie wahr oder falsch?

0// Alle in Großbritannien lebenden Schwäne gehören König Charles III.

Wahr

1// 2030 ist die von der UNO gesetzte Frist für die Umkehrung der Klimakrise.

....

2// Honig wird niemals schlecht.

....

3// Es ist unmöglich, mit offenen Augen zu niesen.

....

4// Istanbul ist die Hauptstadt der Türkei.

....

5// 1977 täuschte Elvis Presley seinen Tod vor, um sich aus der Öffentlichkeit zurückzuziehen, starb aber in Wirklichkeit 1993 an Diabetes.

....

6// Babys haben bei ihrer Geburt 94 Knochen mehr als Erwachsene.

....

7// Im 17. Jahrhundert wurde Heroin als Hustenmittel für Kinder eingesetzt.

....

8// Christoph Kolumbus hat Amerika nicht entdeckt, er hat es besiedelt.

....

9// Der Eiffelturm ist zu unterschiedlichen Jahreszeiten unterschiedlich hoch.

....

10// Joe Biden gewann die US-Wahlen 2020 gegen Donald Trump nicht wegen Wahlbetrugs.

....

11// Paul McCartney starb 1966 bei einem Autounfall und wird seitdem von einem Double ersetzt.

....

12// Das Nationaltier Schottlands ist ein Drache.

....

13// Van Gogh riss sich nicht selbst das Ohr ab, aber ein Stück seines linken Ohrläppchens wurde ihm mit einem Schwert abgeschnitten.

....

14// Walt Disneys Körper wurde eingefroren und wartet darauf, wiederbelebt zu werden.

....

Vervollständigen

Pionierinnen

Jede dieser Akten beinhaltet Informationen über Frauen, die mit ihren Entdeckungen, Kämpfen, Erlebnissen oder Aussagen die Geschichte verändert und unsere Welt zu einem besseren Ort gemacht haben. Benutze die unten angegebenen Daten, um die entsprechenden Akten zu vervollständigen und an die Heldentaten zu erinnern.

Namen: Marie Curie / Simone de Beauvoir / Rosa Parks / Walentina Tereschkowa / Sirimavo Bandaranaike
Beruf: Politikerin / Kosmonautin / Philosophin / Schneiderin / Wissenschaftlerin
Herkunft: Paris / Warschau / Russland / Sri Lanka / Alabama
Errungenschaften: Schlüsselfigur gegen die Rassentrennung in den USA / Erste Frau, die Regierungschefin eines Landes wurde (1960) / Vorreiterin des feministischen Denkens / Die erste Frau, die einen Nobelpreis gewann / Die erste Frau im All

1// Name: ....

Beruf: ....

Herkunft: ....

Errungenschaft: ....

Hinweis: Sie wollte ihren Sitzplatz im Bus nicht an einen weißen Mann abgeben und wurde deswegen festgenommen.

2// Name: ....

Beruf: ....

Herkunft: ....

Errungenschaft: ....

Hinweis: Zweifache Preisträgerin. Den ersten bekam sie für Chemie, zusammen mit ihrem Ehemann. Den zweiten für Physik.

3// Name: ....

Beruf: ....

Herkunft: ....

Errungenschaft: ....

Hinweis: Flog die Wostok 6 im Juni 1963.

4// Name: ....

Beruf: ....

Herkunft: ....

Errungenschaft: ....

Hinweis: Ist die Autorin von *Das zweite Geschlecht.*

5// Name: ....

Beruf: ....

Herkunft: ....

Errungenschaft: ....

Hinweis: War für die Dauer von drei Mandaten 18 Jahre lang im Amt. Starb im Jahr 2000, nachdem sie zurückgetreten war.

Verbinden

Deutsche Sprache, schwere Sprache

Nicht nur diejenigen, die Deutsch als Fremdsprache lernen, fühlen sich manchmal von der deutschen Sprache auf den Arm genommen. Das betrifft auch die, die im deutschsprachigen Raum geboren und aufgewachsen sind. Je nach Region entfalten sich die eigentümlichsten Dialekte, die schon den*die nächste*n Nachbar*in vor Verständigungsprobleme stellt. Kannst du herausfinden, was die folgenden Begriffe bedeuten und aus welchem Dialekt sie entspringen?

Schrippe, die	Sportschuhe	Plattdeutsch
Rennsämmln, die	Daunendecke	Sächsisch
schnacken	Baby	Kölsch
Kwiekebüdel, der	ein Gespräch führen	Schweizerisch
Plümmo, das	Kneipe, Pinte	Fränkisch
heuer	Einkaufswagen	Berlinerisch
Poschtiwägeli, das	Ziehharmonika	Tiroler Dialekt
Boppers, der	Brötchen	Norddeutsch
Boazn, die	kleine Blumen	Schwäbisch
Guazle, das	Hintern	Hessisch
Blümmelscher, die	Bonbon	Österreichisch
Popperle, das	in diesem Jahr	Bairisch

Logik

Eskapismus

Maria hat endlich das getan, wovor sie schon immer gewarnt hatte: „An dem Tag, an dem ich in Rente gehe, bin ich auf und davon!“ Sie hat ihre Koffer voller Bikinis gepackt und ist gerade auf dem Weg zu einer nicht näher bestimmten Karibikinsel. Sie hat einen Umschlag für ihre Freundinnen hinterlassen. Abgesehen von den Flugtickets, damit ihre Freundinnen sie auf ihrem Abenteuer begleiten, enthält dieser auch eine Anleitung, um die Reise jeweils zu zweit anzutreten, denn nicht alle Reisenden verstehen sich gleich gut. Befolge sie genau, um die richtigen Paare zu finden und sicherzustellen, dass Marias Reise nicht zum Albtraum wird.

Lösung: __ __ __ __ __

1// Ich kann Leute, die Leopardenmuster tragen, nicht ausstehen. Auch kupferfarbene Haare sind ein Zeichen absoluter Geschmacklosigkeit. Und mit Dauerwellen fange ich erst gar nicht an.

3// Die mit dem geschmacklosen Leopardenmuster kann ich nicht ausstehen, genauso wenig die mit dem Dutt. Und die, die immer einen Hosenanzug trägt, langweilt mich zu Tode.

2// Die mit der Sonnenbrille, die noch dunkler ist als die von Udo Lindenberg, ist unausstehlich. Wenn auch nicht ganz so sehr wie die Kettenraucherin. Aber die mit dem Dutt und die mit den roten Lippen sind noch viel schlimmer.

4// Wenn die mit der Sonnenbrille, dem Dutt oder der Dauerwelle auch nur in meine Nähe kommen, steige ich aus dem Flugzeug aus. Damit das klar ist.

5// Die mit der Dauerwelle geht mir echt auf die Nerven, aber ich brauche eine ganze Schachtel Baldriantabletten, um die im Hosenanzug, im geblümten Bademantel oder die Solariumsüchtige auch nur sehen zu können.

8// Bevor ich mit der mit dem Leopardenschal, den kupferfarbenen Haaren, der mit den roten Lippen oder der Solariumsüchtigen verreise, lerne ich lieber alle Werke von Schiller auswendig.

6// Mit der mit dem Leopardenschal, dem Hosenanzug und dem Dutt kann man nicht reden, die zerreißen sich später das Maul über alles. Mit denen will ich nichts zu tun haben.

9// Ganz ehrlich, bevor ich die Reise in die Karibik mit der mit der Sonnenbrille, der Solariumsüchtigen oder der Kettenraucherin verbringen muss, fliege ich lieber gar nicht. Auf keinen Fall.

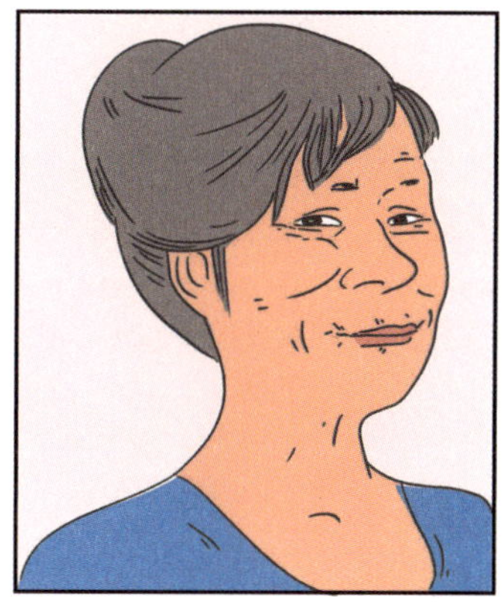

7// Nur über meine Leiche steige ich mit der mit der Sonnenbrille, den roten Lippen und dem Leopardenschal in ein Flugzeug ein, die übertreiben es gerne mit der Trinkerei. Da hab ich echt keine Lust drauf.

10// Also, ich beschwere mich ja ungern, aber alles hat seine Grenzen. Konkret bedeutet das, dass ich weder mit der mit der Dauerwelle noch mit der mit den kupferfarbenen Haaren zusammen reisen will. Auch nicht mit der mit den roten Lippen oder der mit dem Hosenanzug.

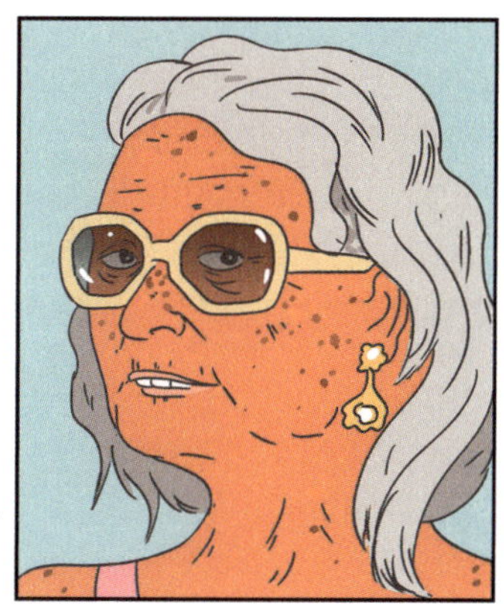

Sortieren

Mini-Anagramme

Ein Anagramm ist ein Wort, das durch Umstellen der Buchstaben eines anderen Wortes gebildet wird. In diesem Fall haben wir Buchstaben bunt durcheinandergemischt, mit denen du mindestens zwei kurze Wörter bilden kannst. Lass deiner Fantasie freien Lauf.

1//
HE
RE

_ _ _ _
_ _ _ _
_ _ _ _
_ _ _ _

2//
FL
EI

_ _ _ _
_ _ _ _

3//
OG
LF

_ _ _ _
_ _ _ _

4//
EG
IZ

_ _ _ _
_ _ _ _

5//
ED
RE

_ _ _ _
_ _ _ _

6//
LI
ET

_ _ _ _
_ _ _ _

7//
AU
FL

_ _ _ _
_ _ _ _

8//
IN
DE

_ _ _ _
_ _ _ _
_ _ _ _

9//
RO
ND

_ _ _ _
_ _ _ _

10//
OR
HC

_ _ _ _
_ _ _ _

11//
ID
ES

_ _ _ _
_ _ _ _

12//
ND
AR

_ _ _ _
_ _ _ _

13//
AN
GS

_ _ _ _
_ _ _ _

14//
GA
FR

_ _ _ _
_ _ _ _

15//
MA
ET

_ _ _ _
_ _ _ _
_ _ _ _
_ _ _ _

16//
BÜ
ER

_ _ _ _
_ _ _ _

Labyrinth

Ich bin dann mal weg

Der Sommer ist zum Wandern da. Nachdem du den ganzen Sommer mit deiner Wandergruppe unterwegs warst, ist es nun an der Zeit, sich der letzten Herausforderung zu stellen: dem Jakobsweg. Egal wo du beginnst oder wie viele Kilometer du hinter dich bringst: Du wirst ein paar der unvermeidlichen Erfahrungen des Jakobsweges machen. Um die Pilgerurkunde zu bekommen und dich wirklich Pilger*in nennen zu können, musst du sie überstehen. Gehe zum Start, bewältige alle Etappen und schaffe es bis zum Ende.

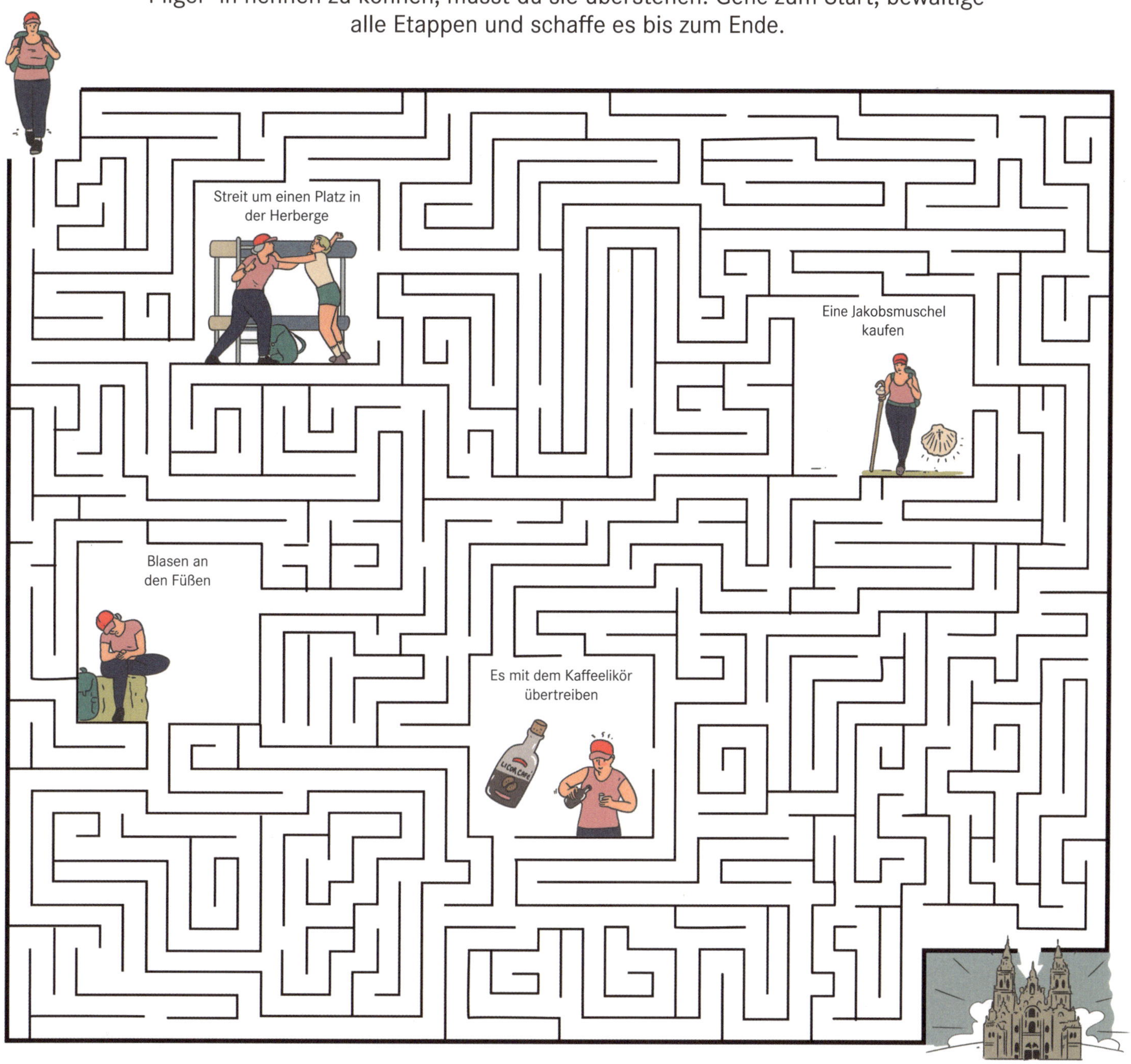

¡AGUANTE M
VAMOS!
BALÓN
SINTONIZER TV
HEALTH
FORTNITE
17
2
13

Finden

Ein traumatischer Abschied

Der Umzug in eine neue Stadt ist aufregend, aber er ist auch immer mit Verlust verbunden. Lionel Messi, der beste Fußballer der Welt, verließ 2021 den FC Barcelona in Richtung Paris, nun soll es weiter in die USA gehen. Weil alles so schnell gehen musste, hatte er aber keine Zeit, sein schönes Haus zu verkaufen. Lieber vermietete er es und profitierte dabei vom katalanischen Tourismus. Er stellte seine Wohnung auf eine Website und zog aus. Bei seiner Rückkehr fand er allerdings ein einziges Chaos vor. Hilf ihm, seine sechs Ballons d'Or, seinen Vertrag mit PSG, einen Schlüssel, seine Uhr, das sich wiederholende Kalenderblatt, zwei Mund-Nasen-Bedeckungen, seine Brieftasche und vier Mäuse zu finden.

Quiz

Regenbogenfarbene Geschichte

In jedem dritten Land der Welt ist es illegal, homosexuell zu sein, und in vielen dieser Länder kann Homosexualität eine ständige Bedrohung oder gar ein Todesurteil sein. In Russland und auch in Ungarn wurden Gesetze erlassen, die sogenannte „homosexuelle Propaganda" verbieten. Eine empörende Sache. Dagegen kann man mit Wissen ankämpfen: Deshalb bieten wir dir durch eine Reihe von Fragen eine Reise zu einigen großen Persönlichkeiten der LGBTQ+-Welt, deren Geschichten und Leben oft schlicht unterschlagen oder vertuscht wurden.

1// Sappho von Mytilene lebte um das 6. Jahrhundert v. Chr. auf der Insel Lesbos. Von ihrem Lebenswerk ist nur wenig überliefert, aber da ihre Liebesgedichte den Frauen gewidmet waren, prägten sie den bis heute gebräuchlichen Begriff „Lesbe" (obwohl ihre Verse oft so verändert wurden, dass sie wie an Männer gerichtet klangen). Sie war so großartig und angesehen, dass sie den Spitznamen „Zehnte Muse" erhielt. In welchem Meer befindet sich Lesbos?

a) **Tyrrhenisches Meer**
b) **Ägäis**

2// Das vielleicht erste homosexuelle Paar, von dem wir wissen, waren Khnumhotep und Niankhkhnum, Informanten und „Aufseher der königlichen Maniküre" eines ägyptischen Pharaos. Sie hatten jeweils Frau und Kinder, wurden aber nicht mit ihnen, sondern miteinander begraben, und auf ihren Gräbern sind sie in intimer Haltung abgebildet: mit einer Geste, die im alten Ägypten einen Kuss darstellte. Sie bestand darin, zwei Körperteile miteinander zu verbinden. Welche?

a) **Wange mit Wange**
b) **Nase mit Nase**

3// Alkibiades war ein junger politischer Führer im Athen des 5. Jahrhunderts v. Chr. Am Ende blieb er als Schurke in Erinnerung, weil er die Griechen an die Perser verriet, aber die meiste Zeit seines Lebens war er ein Superstar, denn er war gut aussehend, charismatisch und hatte überwältigenden Erfolg bei Frauen und Männern. Offenbar widerstand ihm nur eine Person. Es handelte sich um einen seiner Lehrer, einen Philosophen. Kannst du anhand der Epoche erkennen, um wen es sich handelt?

a) **Sokrates**
b) **Aristoteles**

4// Alexander der Große hatte drei Frauen und zwei Kinder (von denen wir wissen), aber seine Eltern waren immer besorgt über seinen offensichtlichen Mangel an Zuneigung zu Frauen. Es ist möglich, dass das Hauptobjekt seiner Begierde Hephaistion war, einer seiner Generäle: Dessen plötzlicher Tod stürzte Alexander in völlige Verzweiflung, und einige Monate später starb er in Babylon. Diese Stadt (und das, wofür sie steht) taucht mehrmals in den Liedern eines anderen Großen auf. Bei wem?

a) **Bob Dylan**
b) **Bob Marley**

5// Die Ehe im alten Rom war eine Verbindung zwischen einem Mann und einer Frau mit dem Ziel, dem Staat Kinder zu schenken. Zwar hatten gleichgeschlechtliche Verbindungen in der Kaiserzeit keine rechtliche Gültigkeit, unterhalten wurden sie aber trotzdem. Auch wenn es Männer gab, die dem nicht wohlwollend gegenüberstanden. Das wissen wir, weil sich z. B. moralische Dichter wie Juvenal oder Martial darüber beklagten, dass ihre Freunde diesen Lifestyle pflegten, als wäre nichts dabei. Welchen dieser gebräuchlichen Ausdrücke verdanken wir Juvenal?

a) **Carpe diem**
b) **Panem et circenses**

6// Apropos römische Ehen: Kaiser Nero schloss zwei Ehen mit Männern. Die zweite war mit Sporus, einem Eunuchen, der seiner verstorbenen Frau ähnelte (Nero selbst hatte sie zu Tode getreten) und den er öffentlich küsste, ohne einen Skandal zu verursachen. Für die damaligen Zeitgenossen bestand der Skandal eher darin, dass der Kaiser sich selbst als Künstler verstand, und nicht in seiner Beziehung zu Sporus, der bis zu dessen berühmtem Ende bei Nero blieb. Wie ist er gestorben?

a) **Er beging Selbstmord**
b) **Er wurde vergiftet**

7// Hadrian, ein halbes Jahrhundert nach Nero Kaiser von Rom, heiratete seinen Geliebten Antinoos zwar nicht, aber seit ihrer ersten Begegnung trennten sie sich nie wieder. Nach Antinoos' frühem und unerwartetem Tod durch Ertrinken im Nil setzte Hadrian ihm ein Denkmal, indem er Statuen von ihm im ganzen Reich aufstellte. Hadrian stammte ursprünglich aus Spanien. Aus Italica, um genau zu sein. Das heißt, aus dem Gebiet nahe ...

a) **Sevilla.**
b) **Tarragona.**

8// Wer hingegen niemals heiratete, war Christina von Schweden, eine tatkräftige Monarchin und Mäzenin der Künste und Wissenschaften. Sie regierte mehr als zwanzig Jahre lang und dankte schließlich ab, um keinen Mann heiraten zu müssen. Sie war vielleicht die erste Frau, die sich in der Öffentlichkeit in Männerkleidung zeigte, was nur geduldet wurde, weil sie die Königin war. Man nannte sie die „Minerva des Nordens". Wofür steht die Göttin Minerva?

a) **Weisheit**
b) **Frieden**

9// Die große Greta Garbo hatte weder Ehemann noch Kinder und lebte die meiste Zeit ihres Erwachsenenlebens allein. Allerdings hatte sie mit Unterbrechungen drei Jahrzehnte lang eine Beziehung mit der Schriftstellerin Mercedes de Acosta, die sie und ihr Umfeld zu verbergen suchten, da Acosta eine bekennende Lesbe war. Zu jener Zeit ein eher problematischer Umstand. Der Schauplatz ihrer Beziehung war New York, aber Garbo wurde in einem anderen Land geboren und lebte dort bis zu ihren Zwanzigern. In welchem?

a) **Italien**
b) **Schweden**

10// Greta Garbo hatte auch eine Affäre mit Tallulah Bankhead, ebenfalls eine Schauspielerin. Bankhead, die sowohl homosexuelle als auch heterosexuelle Beziehungen hatte, sprach sehr offen über ihre sexuellen Abenteuer mit Männern und (aus offensichtlichen Gründen) viel weniger offen über ihre Beziehungen mit Frauen. Es ist jedoch bekannt, dass sie mit Berühmtheiten wie Billie Holiday oder Marlene Dietrich liiert war. Apropos Dietrich: In welchem der folgenden Filme spielte sie die Hauptrolle?

a) ***Zeugin der Anklage (Witness for the Prosecution)***
b) ***Anatomie eines Mordes***

11// Im Paris des frühen 20. Jahrhunderts waren Lesben sichtbarer als an anderen Orten und zu anderen Zeiten. Die berühmte Schriftstellerin Colette zum Beispiel lebte offen mit der adligen Mathilde de Morny zusammen. Als sie 1907 im Moulin Rouge auftraten und sich auf der Bühne küssten, löste dies jedoch einen Skandal aus, der sie zur Trennung zwang. Colette war die erste Schriftstellerin, der Frankreich ein Staatsbegräbnis widmete. Sie ist auf einem berühmten Friedhof in Paris begraben. Wie heißt er?

a) **Père-Marchaise**
b) **Père-Lachaise**

12// Oscar Wilde, der im Alter von 46 Jahren starb, ist ebenfalls dort begraben. Fünf Jahre zuvor – auf dem Höhepunkt seiner Karriere und seines Ruhmes – beschuldigte ihn der Vater eines seiner Liebhaber, homosexuell zu sein. Wilde, verheiratet und Vater von Kindern, verklagte ihn wegen Verleumdung. Schlechte Entscheidung: Während des Prozesses bewiesen einige Detektive, dass Wilde tatsächlich homosexuell war, und die britische Justiz verhängte eine exemplarische Strafe gegen ihn. Nach zwei Jahren im Gefängnis reiste Wilde allein, verarmt und krank nach Paris. Wie lautet der Name des Buches, das er im Gefängnis schrieb?

a) ***De mortalis***
b) ***De profundis***

13// Ebenfalls in Paris lebten und starben die Schriftstellerinnen Gertrude Stein und Alice Toklas. Sie waren auf der Suche nach größerer Freiheit aus den Vereinigten Staaten dorthin gezogen und begannen, nachdem sie sich kennengelernt hatten, eine Beziehung, die vierzig Jahre lang hielt. Stein starb als Erste und hinterließ Toklas einen Großteil ihres Erbes, aber Steins Familie, die die Beziehung nicht anerkannte, nahm ihr alles weg. Wer schuf ein berühmtes Porträt von Stein?

a) **Georges Braque**
b) **Pablo Picasso**

14// Juana Inés de la Cruz war ein Wunderkind aus dem heutigen Mexiko, das im 17. Jahrhundert Nonne wurde, um nicht heiraten zu müssen und ihre Studien fortsetzen zu können. Sie pflegte eine besondere Beziehung zur damaligen Vizekönigin, der sie fünfzig Liebesgedichte widmete. Als die Vizekönigin den amerikanischen Kontinent verließ, nahm sie ein Porträt von Juana und einen ihrer Ringe mit. Ohne ihren Schutz in ihrem Heimatland war die Nonne gezwungen, das Schreiben aufzugeben, und wurde für immer zum Schweigen gebracht. Apropos Kontinent: Welches dieser Lebensmittel stammt von dort?

a) **Ananas**
b) **Melone**

15// Die vielleicht einzige voll befriedigende Beziehung im Leben von Virginia Woolf war die mit der Schriftstellerin und Gartengestalterin Vita Sackville-West. Sie lernten sich 1922 kennen und waren fast ein Jahrzehnt lang zusammen. Sie trennten sich ohne Groll und blieben bis zum Schluss befreundet. Doch zunächst widmete Woolf ihr einen Fantasyroman, dessen Protagonist – ein androgyner Adliger, der häufig das Geschlecht wechselt und Hunderte von Jahren lebt – irgendwie von ihr inspiriert wurde. Weißt du, wie dieses Buch heißt?

a) ***Am Leuchtturm***
b) ***Orlando***

Verbinden

Lieder mit Eigennamen

Ist dein Vorname auch so schön und klangvoll, dass du ihn am liebsten singen würdest? Dann heißt du vielleicht wie diese Personen, denn über sie wurden schon Songs geschrieben, die auf der ganzen Welt zu Hits geworden sind. Jede*r kennt sie, jede*r singt sie, aber niemand weiß eigentlich so richtig, worum es darin geht. Wir bringen Licht ins Dunkel: Ordne die folgenden Beschreibungen dem passenden Song und Interpret*in zu.

Interpret*innen: The Police / Smokie / Falco / Michael Jackson / Costa Cordalis / Los Del Rio / Horst Schlämmer / Beatles / DJ Ötzi / Neil Diamond / Mark Ronson feat. Amy Winehouse / Roland Kaiser

Songs: *Billie Jean / Lucy in the Sky with Diamonds / Gisela / Anton aus Tirol / Jeanny / Living Next Door To Alice / Joana / Macarena / Anita / Roxanne / Sweet Caroline / Valerie*

1// Der Song handelt von einem Mann, der unglücklich in seine Nachbarin verliebt ist und sie nur aus der Ferne bzw. direkter Nähe anschmachten kann. Als sie nach 24 Jahren plötzlich ihre Koffer packt und auszieht, fällt er untröstlich aus allen Wolken. Wer zur Hölle ist diese Frau?

T: ....

I: ....

2// Die titelgebende Protagonistin dieses Songs war alleine in Mexiko unterwegs, als der Sänger sie aufspürte und mit ihr die Nacht seines Lebens verbrachte. Eine Nacht voller Musik, Wein und Companeros mit Sombreros. Vielleicht hat diese Erfahrung den Sänger darauf vorbereitet, später der erste „Dschungelkönig" zu werden.

T: ....

I: ....

3// Dieser Song ist ein wilder Ritt durch eine Fantasiewelt unter Marmeladenhimmel und einer Titelheldin mit Kaleidoskop-Augen. Der Urheber des Songs behauptet, der Liedtext sei von *Alice im Wunderland* inspiriert. Fans hingegen lesen darin eine Anspielung auf die Droge LSD, weil die drei Buchstaben auch eine Abkürzung für den Songtitel sein könnten.

T: ....

I: ....

4// Wir suchen wieder einen Schlager über ein Mädchen. Diesmal mit englischem Text und dafür umso größerem Potenzial, von internationalem Publikum lautstark mitgegrölt zu werden. Insbesondere in den Fußballstadien im Vereinigten Königreich ist es einer der beliebtesten Songs, wenn sich alle einig sind: „Selbst die guten Zeiten waren nie *so* gut."

T: ....

I: ....

5// Dieser Song eines österreichischen Sängers löste neben einer Erfolgswelle auch einen großen Skandal aus. Der Text des Liedes ist mehrdeutig, häufig wurde eine Thematik rund um Stalking, Vergewaltigung und Mord hineininterpretiert. Mehrere Radiosender boykottierten schließlich den Song.

T: ....

I: ....

6// Sicher hast du dich auch schon einmal gefragt, worum es eigentlich in diesem Song geht, zu dem wir und auch die nachfolgenden Generationen seit 1995 dieselbe Choreografie tanzen, ohne ein einziges Wort zu verstehen. So viel sei gesagt: um eine Frau.

T: ....

I: ....

7// Auch in diesem Song geht es um eine schöne Frau. Diesmal ist sie eine Prostituierte und wird für ihre Arbeit im Rotlichtmilieu von einer Gruppe von Gesetzeshütern bedauert – zumindest sind sie das dem Namen nach. Eigentlich sind sie nur eine Musikgruppe. Der *Rolling Stone* sieht den Song auf Platz 388 der 500 besten Songs aller Zeiten.

T: ....

I: ....

8// Es dauerte nur eine zwanzigminütige Autofahrt, diesen Song zu schreiben. Dave McCabe dachte dabei an eine gute Freundin, die wegen Alkohols am Steuer ihren Führerschein verloren hatte, und fragte sich, wie sie sich wohl so schlägt und ob sie nicht bei ihm vorbeikommen wolle. Bekannt wurde der Song in Deutschland in der Coverversion einer Sängerin, die später an einer Überdosis starb.

T: ....

I: ....

9// Der Song spielt in einer Kneipe und ein Alter Ego von Hape Kerkeling versucht vergeblich, die Dame an der Bar auf ein Getränk einzuladen. „Nein, isch möschte nisch", lehnt sie wiederholt reserviert ab und bringt ihn damit um den Verstand.

T: ....

I: ....

10// In diesem Song geht es um eine Frau, die behauptet, der Sänger sei der Vater ihres Kindes, was er aber abstreitet. Natürlich lag die Vermutung nahe, die Handlung basiere auf einem realen Ereignis, was der Sänger in seiner Biografie *Moonwalk* aber dementierte.

T: ....

I: ....

11// Ausnahmsweise geht es in diesem Lied um einen Mann, der sich selbst als schön, toll, stark und wild bezeichnet. Die Frauenwelt sei sehr an ihm interessiert. Ob das stimmt, ist nicht erwiesen, dafür aber, dass er aus einer bestimmten Region in Österreich kommt.

T: ....

I: ....

12// Gesucht ist ein Schlager aus den 80ern, der bis heute aus den Festzelten der Nation nicht wegzudenken ist. Auf jede Zeile des Refrains kann das Publikum eine passende Antwortphrase entgegnen, jede davon eine wenig schmeichelhafte Bezeichnung gegenüber der besungenen Frau. Noch 2022 erreichte ihr Name dennoch Platz 12 der beliebtesten Babynamen.

T: ....

I: ....

Quiz

Und die Moral von der Geschicht' ...

Seit Anbeginn der Zeit liegt es im Wesen des Menschen, Geschichten zu erzählen. Sei es zur Überlieferung von Informationen, zur Erklärung des Unerklärlichen oder zur reinen Unterhaltung. So haben sich über die Jahrhunderte aus den buntesten Erzählungen einige populäre Klassiker verfestigt, die die vergangenen Generationen an Geschichtenerzähler*innen überdauert haben und noch heute weitergetragen werden. Mit diesem Quiz finden wir heraus, wie gut du aufgepasst hast, als dir die folgenden Erzählungen aufgetischt wurden.

1// Die Geschichte *Max und Moritz* erzählt von den zwei Jungen, denen nichts im Leben mehr Freude bereitet, als Streiche zu spielen. Ob die Beliebtheit des Textes den grausamen Streichen zu verdanken ist oder der Genugtuung darüber, dass die nervigen Lausbuben schließlich zu Tode kommen, darüber lässt sich nur mutmaßen ... Wie viele Streiche spielen sie insgesamt?

a) **5**
b) **6**
c) **7**

2// Ein anderer Streichekünstler, der seinen Mitmenschen das Leben schwer macht, ist *Till Eulenspiegel*. Er fordert sie auf, ihm für ein Kunststück ihre linken Schuhe zu geben, nur um sie dann gesammelt auf die Köpfe der erwartungsvollen Zuschauer*innen regnen zu lassen. Witzig! Wie wird Till Eulenspiegel in bildlichen Abbildungen häufig dargestellt?

a) **Als Musiker.**
b) **Als Hofnarr.**
c) **Als Verbrecher.**

3// Ein Bauer kann seinen alten Esel nicht mehr gebrauchen und vertreibt ihn von seinem Hof. Doch der Esel lässt sich davon nicht unterkriegen und entscheidet sich, Musiker zu werden. In Bremen findet er seine musikalische Heimat. Eine Katze und ein Hahn erweitern dort sein Ensemble. Welches Tier vervollständigt die *Bremer Stadtmusikanten?*

a) **Huhn**
b) **Hund**
c) **Hase**

4// Wer über Märchen nachdenkt, denkt spätestens im zweiten Moment an die Brüder Grimm. Jacob und Wilhelm waren Sprachwissenschaftler und sind heute vor allem im Zusammenhang mit der Veröffentlichung von Märchen weltberühmt. Unter welchem Titel erschien ihre Märchensammlung, die man heute vor allem als „Grimms Märchen" bezeichnet?

a) ***Sagen, Märchen und Erzählungen***
b) ***Märchen für Groß und Klein***
c) ***Kinder- und Hausmärchen***

5// *Schneewittchen* und die sieben Zwerge gilt heute als eines der bekanntesten Märchen der Brüder Grimm. Vielleicht liegt das daran, dass die Handlung als Grundlage für den ersten abendfüllenden Zeichentrickfilm der Walt-Disney-Studios diente und damit Kinogeschichte schrieb. Wann war das?

a) **1917**
b) **1927**
c) **1937**

6// *Der Froschkönig* steht in der Sammlung der Brüder Grimm an erster Stelle. Die Geschichte des Frosches, der durch den Kuss der Prinzessin in einen Prinzen verwandelt wird, zählt zu den bekanntesten Märchen überhaupt. Nur dass ursprünglich der Kuss gar nicht stattfindet. Was leitet stattdessen die Verwandlung des Prinzen ein?

a) **Die Prinzessin fällt in den Brunnen.**
b) **Die Prinzessin wirft den Frosch gegen die Wand.**
c) **Der König verheiratet seine Tochter mit dem Frosch.**

7// Eine Müllerstochter soll Stroh zu Gold spinnen, um Königin zu werden. Dies gelingt ihr nur mithilfe eines geheimnisvollen Männchens, das im Tausch ihr erstgeborenes Kind verlangt. Nur wenn sie seinen Namen errät, dürfe sie ihr Kind behalten. Es singt folgerichtig: „Ach wie gut, dass niemand weiß, dass ich … heiß!“ Wie heißt die Titelfigur dieses Märchens?

a) **Rumpelstilchen**
b) **Rumpelstilzchen**
c) **Rumpelstielzchen**

8// Aus heutiger Sicht kann man die Geschichten aus *Der Struwwelpeter* kaum mehr als Kindergeschichten verkaufen. Zu brutal die Beschreibungen und Abbildungen von abgeschnittenen Daumen, dem verhungernden Suppenkaspar oder der verbrennenden Pauline. Unter welchem Titel erschien der Struwwelpeter bei seiner Erstveröffentlichung im Jahr 1844?

a) ***Messer, Gabel, Schere, Licht sind für kleine Kinder nicht***
b) ***Lustige Geschichten und drollige Bilder für Kinder von 3–6 Jahren***
c) ***Lehrreiche Lektionen für verdorbene Kinder***

9// *Der gestiefelte Kater* handelt von einem gerissenen Kater, der alle um ihn herum glauben macht, er agiere im Auftrag eines Grafen. So sammelt er Kleider, Gold und Ländereien für den armen Müllerssohn, zu dem er eigentlich gehört. In den *Shrek*-Animationsfilmen spielt er neben Oger und Esel eine der Hauptrollen. Welcher U.S.-Schauspieler leiht in den *Shrek*-Filmen dem gestiefelten Kater seine Stimme?

a) **Antonio Banderas**
b) **Eddie Murphy**
c) **Mike Myers**

10// *Frau Holle* schüttelt im Märchen den Schnee aus ihrer Bettdecke, belohnt die fleißige Schwester mit Gold und bestraft die faule Schwester mit Pech. In der slawischen Mythologie ist Frau Holle auch als „Frau Perchta“ bekannt und bestraft Faulheit mit Albträumen oder indem sie ihrem Opfer den Bauch aufschlitzt. Wenn das kein Grund ist, fleißig zu sein. Zu welcher Zeit tritt Frau Perchta sagengemäß auf?

a) **Sommersonnenwende**
b) **Rauhnächte**
c) **Halloween**

11// Die titelgebende *Prinzessin auf der Erbse* muss beweisen, dass sie eine echte Prinzessin ist. Man stellt sie auf die Probe, indem man sie in einem Bett auf zwanzig Matratzen schlafen lässt, unter denen eine einzelne kleine Erbse liegt. Als sie sich am Morgen beschwert, schlecht geschlafen zu haben, ist der Beweis erbracht: So empfindlich kann nur eine Prinzessin sein. Was hat man ihrem Bett außerdem beigefügt, damit es noch gemütlicher ist?

a) **Zehn samtene Kopfkissen**
b) **Zwanzig Eiderdaunendecken**
c) **Ein seidenes Nachthemd**

12// „Rapunzel, Rapunzel, lass mir dein Haar herunter!“, ruft der Königssohn zu seiner singenden Angebeteten im Turm. Er klettert an ihrem langen Zopf hinauf und … trifft auf eine Zauberin, die ihn so sehr erschreckt, dass er aus dem Turm springt und erblindet. Nicht ganz das Märchen, das man kennt, aber das, was die Brüder Grimm aufgeschrieben haben. Wie gelingt es Rapunzel darin, seine Erblindung zu heilen?

a) **Ihre Tränen fallen auf seine Augen.**
b) **Sie küsst ihn.**
c) **Sie singt für ihn.**

Zuordnen

Gute Nacht, bis in drei Monaten

Es gibt Tiere, die nichts lieber tun, als mit dir Zeit zu verbringen, und es gibt Tiere, die dich monatelang meiden, weil sie dich nicht leiden können. Und weil sie Winterschlaf halten. Wie das genau funktioniert, ist eines der größten Rätsel der Natur, aber ein paar Dinge wissen wir immerhin über diese „Gewohnheit“: Lies weiter und verbinde jede Beschreibung mit dem entsprechenden Tier.

Murmeltier / Schildkröte / Bär / Igel / Biene / Winternachtschwalbe / Fledermaus / Lemur

1// Wenn du dich manchmal fragst, wohin diese Insekten im Winter verschwinden, lautet die Antwort: nirgendwohin. Sie sterben. Die Königinnen einiger Arten halten Winterschlaf, aber eben nur die Königinnen. Die anderen: auf Nimmerwiedersehen (die Natur schert sich nicht um deine Gefühle).
A: ....

2// Es gibt schätzungsweise 10.000 Vogelarten. Die einzige unter ihnen, die einen Winterschlaf hält, ist dieser Vogel. Andere fallen hin und wieder in eine Art langen Schlaf, dieser kleine Vogel hingegen kann seinen Winterschlaf über Monate hinweg ausdehnen.
A: ....

3// Die Anzahl der Primatenarten ist wesentlich geringer, es gibt etwa 200, aber selbst davon hält nur eine einzige Winterschlaf. Es handelt sich um eine sehr kleine Art und sie halten ihr Schläfchen außerdem auf Madagaskar, und das, obwohl es dort im Winter warm ist.
A: ....

4// Nicht alle Arten dieses Tieres halten Winterschlaf. Wenn man also eine hat und sie sich nicht bewegt, sollte man überprüfen, ob sie vielleicht nicht nur schläft ... Von denjenigen, die Winterschlaf halten, können einige überleben, indem sie durch den Anus atmen. Das nennt man Kloakenatmung.
A: ....

5// Diese Familie kleiner Säugetiere – zumindest die, die in kalten Gegenden leben – verbringt das ganze Jahr mit dem Fressen und schläft dann im Winter, wenn die Nahrung knapp ist. Dann werden die Tiere zu einem steifen, kompakten Ball und schon bald sehen wir sie dann wieder.
A: ....

6// Etwas Ähnliches passiert mit diesem anderen kleinen Säugetier (gut, manche Exemplare sind nicht unbedingt klein): Es hält Winterschlaf, wenn das kalte Wetter kommt, wenn die Nahrung knapp wird und es von Raubtieren gejagt wird. Nur dass dieses sich nicht zusammenrollt, sondern sich aufhängt.
A: ....

7// Dieses Tier hat so gut wie keine Schweißdrüsen und kann auch nicht hecheln, um sich vor Hitze zu schützen. Also meidet es diese. Sobald es damit fertig ist, der Hitze aus dem Weg zu gehen, fällt es in den Winterschlaf. Es legt sich dafür in eine Höhle und kommt sieben Monate lang nicht mehr aus dieser heraus.
A: ....

8// Der Winterschlaf ist bei den nördlichsten Arten dieses Tieres üblich. Während dieser Phase fressen, trinken und urinieren sie nicht und sie wachen auch nicht auf. Um nichts auslaufen zu lassen, bilden sie einen Kotpfropfen, den sie erst ausscheiden, wenn sie die Augen wieder öffnen.
A: ....

Vervollständigen

Kälteresistente Vögel

Viele Vögel verlassen in diesen Monaten die mediterranen Länder auf der Suche nach wärmeren Klimazonen, aber es gibt auch welche, die das nicht tun. Entweder, weil sie sich hier trotz der Kälte wohlfühlen, oder weil sie aus Nordeuropa kommen, wo es noch schlimmer ist. Auf dieser Seite kannst du einige dieser Winterarten sehen. Ihr „Vorname“ dient als Anhaltspunkt, aber den „Nachnamen“ musst du selbst herausfinden. Wie viele erkennst du?

MÖWE / KRANICH / HU / FINK / RABE / ELSTER / FALKE / STORCH / GEIER / ADLER / HUHN / KEHLCHEN / FLAMINGO / REIHER / FALKE / EULE

1// GRAU ....

2// GÄNSE ....

3// WEISS ....

4// ROSA ....

5// ROT ....

6// BLAU ....

7// DISTEL ....

8// WANDER ....

9// GRAUER ....

10// MITTELMEER ....

11// TURM ....

12// SCHLEIER ....

13// U ....

14// ....

15// KOLK ....

16// STEIN ....

Labyrinth

Bis zum Mond und zurück

Seit einigen Jahrzehnten schon wird der Weltraum von solchen Gestalten heimgesucht. Eine wahre Plage, aber sein besonderer Zauber bleibt trotzdem erhalten, und außerdem werden wir ihn vielleicht noch brauchen, wenn hier unten alles den Bach runtergeht. Also müssen wir für die nächsten Missionen die Daumen drücken, vor allem für die, die bis 2028 wieder Menschen auf den Mond bringen soll. Das Programm wird von der NASA koordiniert und trägt den Namen Artemis nach der griechischen Göttin der Jagd (und des Mondes). Wir laden dich ein, die Crewmitglieder bei ihrer Mission zu unterstützen und ihnen den Weg zurück zur Erde zu zeigen. Aber verirr dich nicht: Ihr Leben liegt in deinen Händen.

Identifizieren

Unmögliche Stellungen

Kommen wir gleich zur Sache. Das Kamasutra, jenes jahrtausendealte Werk, das für alles andere als für seine Texte bekannt ist, enthält auf seinen Seiten bis zu 64 Liebeskünste (Stellungen), denen volkstümliche Namen gegeben wurden. Im Laufe der Zeit sind auch viele neue Versionen entstanden, die für alle sexuellen Neigungen geeignet sind. Versuche, anhand der Silhouetten zu erkennen, um welche es sich handelt. Und bitte bedenke: Wenn du dich entscheidest, sie in die Praxis umzusetzen, sind wir hier nicht verantwortlich.

Die Amazone / Missionar / Löffelchen / Die Y-Kurve / Schubkarre / Hündchenstellung / Stehende Vereinigung / Lotusblume / Stern

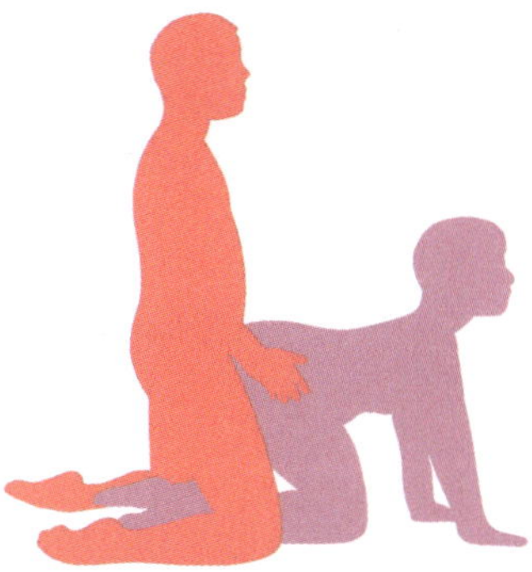

1// ....

2// ....

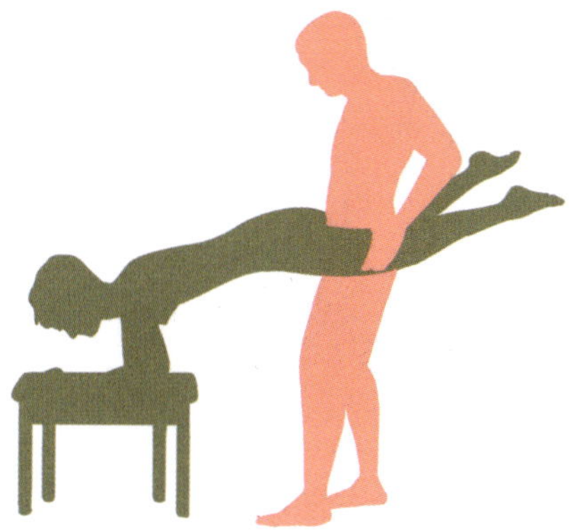

3// ....

4// ....

5// ....

6// ....

7// ....

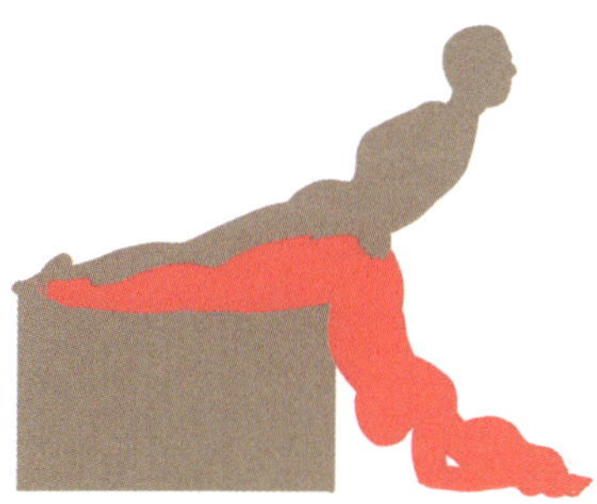

8// ....

9// ....

Quiz

Zu Hause ist es am schönsten

In den letzten Jahren haben wir alle zu spüren bekommen, wie schwierig es eigentlich ist, sich von der Außenwelt abzuschotten. Dabei haben sich im Laufe der Geschichte schon viele Menschen freiwillig in die Selbstisolation begeben, von denen wir für diese Situation hätten lernen können. Wie wir aber wissen, ist es niemals zu spät zu lernen. Zum Beispiel mit diesem Quiz.

1// Emily Dickinson schrieb fast 2000 Gedichte, veröffentlichte aber zu Lebzeiten nur etwa zehn. Die letzten zwanzig Jahre verbrachte sie in geschlossenen Räumen, manchmal ohne ihr Zimmer zu verlassen, fast immer in Weiß gekleidet. Dennoch backte sie für Fremde Süßigkeiten und stand mit vielen Freund*innen in Briefkontakt. Sie wurde geboren und starb, ohne Massachusetts jemals zu verlassen. Weißt du, welche US-amerikanische Großstadt in diesem Bundesstaat liegt?

a) **Chicago**
b) **Boston**
c) **Philadelphia**

2// Marcel Proust war eine der bekanntesten und gefragtesten Persönlichkeiten des öffentlichen Lebens in Paris und schloss sich mehr als ein Jahrzehnt lang in einem schalldichten Raum ohne Tageslicht ein. Dort schrieb und schrieb er, fast ohne auszugehen oder zu essen. Er ernährte sich fast ausschließlich von Kaffee und Croissants (und Opium). Er wohnte in der Nähe eines der berühmtesten Gebäude von Paris, des Palais Garnier. Was befindet sich in diesem Gebäude?

a) **Die Sorbonne**
b) **Das Opernhaus**
c) **Der Louvre**

3// Der norwegische Maler Edvard Munch war ängstlich, Alkoholiker und ein Schläger, aber nach einer Krise beschloss er, diese Art von Leben aufzugeben. Er zog sich für einige Jahrzehnte auf einen autarken Bauernhof zurück, wo er sich der Malerei und dem ruhigen Leben widmete. Sein berühmtestes Gemälde, *Der Schrei,* entstand bei einem Spaziergang durch Oslo, als er „den endlosen Schrei der Natur" hörte. Aber Oslo hieß damals noch nicht so. Wie hieß die Stadt bis 1925?

a) **Fredrikstania**
b) **Alexandria**
c) **Kristiania**

4// J.D. Salinger verließ kurz nach der Veröffentlichung von *Der Fänger im Roggen* und seinem großen Erfolg die Stadt und zog aufs Land. Er lebte sechzig Jahre lang isoliert bis zu seinem Tod im Jahr 2010. Als Jugendlicher hatte er im Zweiten Weltkrieg gekämpft und war seither traumatisiert. Er nahm auch an der Landung in der Normandie teil, dem berühmten D-Day. Welcher Tag war das?

a) **6. Juni 1944**
b) **19. August 1944**
c) **6. August 1945**

5// Die in Schweden in ärmlichen Verhältnissen geborene und durch Zufall entdeckte Schauspielerin Greta Garbo beschloss 1940 auf dem Höhepunkt ihres Ruhmes, sich aus dem Filmgeschäft zurückzuziehen. Sie war 36 Jahre alt und ihr Rückzug sollte eigentlich nur vorübergehend sein, aber er dauerte bis zu ihrem Tod im Jahr 1990. All diese Jahre verbrachte sie in einer großen Wohnung in Manhattan, wo sie nur mit wenigen Menschen in Kontakt kam. Ihre Berühmtheit erlangte sie in Stummfilmen, sodass ihr erster in Ton gesprochener Satz zum Mythos wurde. Weißt du, wie er lautet?

a) **„Whiskey, aber nicht zu knapp."**
b) **„Geh weg."**
c) **„Ich möchte allein sein."**

6// Der Erfinder Nikola Tesla starb arm und allein in einem New Yorker Hotel im Alter von 86 Jahren. Er verbrachte die letzte Phase seines Lebens in verschiedenen Hotels, nicht unbedingt als Einsiedler (er machte lange Spaziergänge), aber sehr isoliert. Seine Gesellschaft bestand hauptsächlich aus Tauben. Tesla wurde in Smiljan geboren, einer kleinen Stadt an der Adriaküste, in dem Balkanland, das den größten Teil der Küstenlinie an diesem Meer hat. Welches ist das?

a) **Slowenien**
b) **Kroatien**
c) **Montenegro**

7// Die Schriftstellerin Harper Lee verkaufte von ihrem einzigen Werk „Wer die Nachtigall stört ..." weltweit

Millionen von Exemplaren, aber sie setzte nie einen Fuß außerhalb ihrer Heimat Alabama im tiefen Süden der Vereinigten Staaten. Sie gab keine Interviews und verkehrte nicht mit vielen Menschen, denn, so sagte sie, es sei besser zu schweigen, als ein Idiot zu sein. Die größte Stadt Alabamas ist nach der zweitgrößten Stadt Großbritanniens benannt. Welche Stadt ist es?

a) **Birmingham**
b) **Manchester**
c) **Liverpool**

8// Syd Barrett, der Sänger und kreative Kopf von Pink Floyd, ließ 1972 die Musik hinter sich und verlor den Verstand. Oder umgekehrt. Er ist zu Fuß von London nach Cambridge gewandert, um bei seiner Mutter und seiner Schwester zu leben, hat sich der Malerei und der Gartenarbeit gewidmet und das Haus kaum noch verlassen. Er starb im Jahr 2006. Cambridge hat eine der ältesten Universitäten der Welt, aber welche ist die älteste?

a) **Bologna**
b) **Salamanca**
c) **Oxford**

9// Unter den Schriftstellern, die als Eremiten leben, ist Thomas Pynchon vielleicht der Einsiedler schlechthin. Man weiß fast nichts über ihn und es gibt kaum Bilder von ihm. 2004 erklärte er sich dennoch bereit, in einer Folge der *Simpsons* aufzutreten und sich selbst zu synchronisieren (er trug allerdings eine Tüte mit einem Fragezeichen auf dem Kopf). Apropos Simpsons: Schließen Sie die Augen und überlegen Sie: Wie viele Haare hat Homer auf seinem Kopf?

a) **Eins**
b) **Zwei**
c) **Drei**

10// Das Schach-Wunderkind Bobby Fischer war nicht gerade ein geselliger Mensch. Die letzten Jahrzehnte seines Lebens verbrachte er zurückgezogen in Island, einem der am dünnsten besiedelten Länder Europas. Wie viele Einwohner hat das Land ungefähr?

a) **100.000**
b) **300.000**
c) **600.000**

11// Ein weiteres zurückgezogenes Genie mit wenig Gesellschaft war der Pianist Glenn Gould. Er hat den menschlichen Kontakt nie wirklich geschätzt und am Ende seines Lebens beschränkte sich dieser Kontakt auf das Telefon. Geboren und gestorben ist er in Toronto, Kanada, einem sehr, sehr großen Land. So groß, dass es größer ist als alle Länder der Europäischen Union zusammen. Übrigens, aus wie vielen Ländern besteht die EU?

a) **23**
b) **25**
c) **27**

12// Die letzten Jahre von João Gilberto, dem Vater des Bossanova, verliefen eher schlecht und der Musiker schloss sich bis zu seinem Tod zu Hause ein. Zusammen mit Astrud, seiner ersten Frau, nahm er das sehr berühmte Lied *Garota de Ipanema* auf, eines der am meisten gecoverten Lieder der Geschichte. Weißt du, welches das erste ist?

a) ***My Way***
b) ***Satisfaction***
c) ***Yesterday***

13// Nach einem Leben im Rampenlicht zog sich der Modeschöpfer Yves Saint Laurent 2002 zurück und verbrachte die letzten sechs Jahre seines Lebens eingeschlossen in seinen (riesigen) Häusern. Diese französische Modelegende wurde 1936 in der afrikanischen Stadt Oran geboren. Weißt du, wo sich diese Stadt befindet?

a) **Marokko**
b) **Algerien**
c) **Tunesien**

14// Vielleicht um dem „Hof" zu entkommen oder um seine Abenteuer zu verbergen, zog sich Goya in seine *Quinta del Sordo* zurück, aus der er nur selten herauskam, und ging freiwillig ins Exil. An die Wände dieses Hauses, das so genannt wurde, weil der frühere Besitzer taub war, malte er die berühmten *Schwarzen Gemälde*. Welches dieser Gemälde gehört zu dieser Serie?

a) ***Die Weinlese***
b) ***Hexensabbat***
c) ***Die nackte Maja***

15// Nach der Ermordung von John Lennon zog sich Yoko Ono für viele Jahre zurück. Sie hatten sich 1966 auf einer Ausstellung kennengelernt (sie wusste nicht, wer die Beatles waren, und ihm erschien ihre Kunst lächerlich) und drei Jahre später geheiratet. John erzählt dies in dem Lied *The Ballad of John and Yoko.* Wo haben sie geheiratet?

a) **Hongkong**
b) **Monaco**
c) **Gibraltar**

16// Die irische Sängerin Enya lebt mit ihren Katzen in einem viktorianischen Schloss und geht, obwohl sie nicht völlig vereinsamt ist, nur sehr wenig aus, auch weil sie, nun ja, in einem Schloss lebt. Ihr richtiger Name ist Eithne Pádraigín Ní Bhraonáin. „Ní" ist das weibliche Äquivalent von „O" (O'Brien, O'Sullivan, O'Connor), das du sicher schon oft im Namen eines Pubs gesehen hast. Weißt du, was es bedeutet?

a) **„Sohn von"**
b) **„Enkel von"**
c) **„Bruder von"**

17// Tiberius, der zweite römische Kaiser, war in den letzten zehn Jahren seines Lebens von der Politik gelangweilt und zog sich auf eine Insel zurück. Dort frönte er der Paranoia, den Exzessen und der Verderbtheit, während das Imperium fast untätig weiterlebte. Rate mal, welche Insel das war.

a) **Ponza**
b) **Elba**
c) **Capri**

Identifizieren und vervollständigen

Merylmania

Meryl Streep hat die Gabe, den Kinobesucher*innen die tiefsten Stoßseufzer zu entlocken. Bist du auch zusammengezuckt, als sie sich in *Die Brücken am Fluss* von dem Fotografen Clint Eastwood verabschiedete? Kein Wunder, dass sie die Schauspielerin ist, die die meisten Oscarnominierungen in der Geschichte erhalten hat (bisher 21). Kannst du erkennen, welche dieser Objekte zu welchen Filmen mit ihr gehören?

1// ....

2// ....

3// ....

4// ....

5// ....

6// ....

7// ....

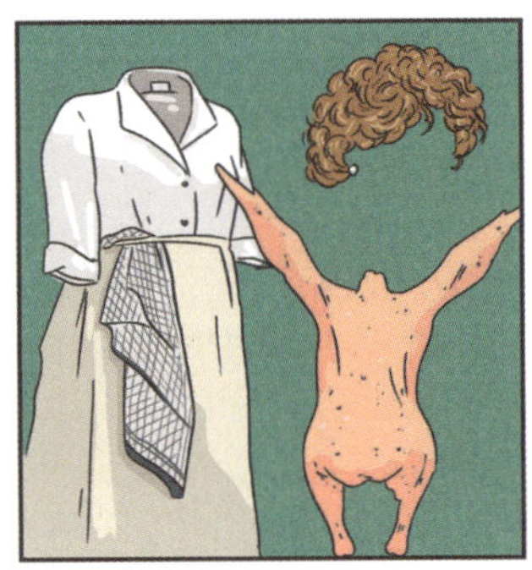

8// ....

Rechnen

Anschauliche Berechnungen

Man braucht nicht zwingend viele Zahlen, um etwas zu berechnen, wie du hier sehen kannst. Manchmal helfen auch ein paar Tapas und Badelatschen, um dein Interesse an algebraischen Gleichungen zu wecken. Also: Lade dein Gehirn zum Tanzen ein und erfreue dich an dem erfrischenden Gefühl, deinen Kopf einmal wieder zu benutzen.

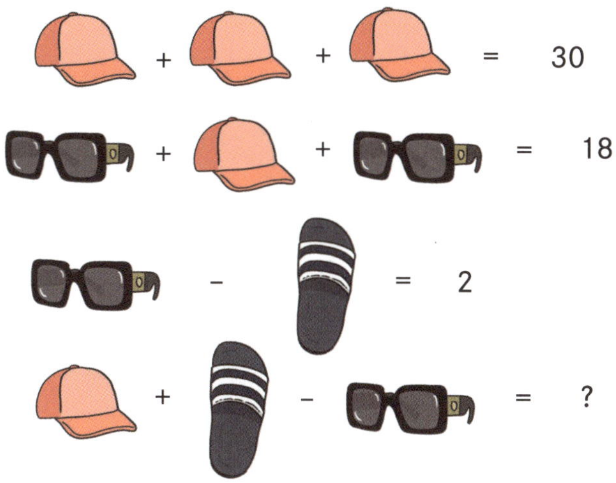

1// ....

2// ....

3// ....

Logik

Die Schwitzlotterie

Dieser Zumba-Kurs hat eine Tradition: Jedes Jahr kauft jeder von ihnen für jemand anderen ein Lotterielos. Nur: Dieses Jahr hat eine*r von ihnen gewonnen! Und natürlich taucht das Gewinnerlos nicht auf, egal wie sehr sie danach suchen. Wir wissen jedoch, dass die Person, die es hat, Laura heißt. Aber welche dieser Personen ist Laura? Lies die Hinweise und ermittle ihre Namen.

1// Die Personen, die kurze Hosen tragen, heißen Anna, Mara und David.

2// Die mit den Schweißbändern am Handgelenk heißen Lola, Manu und Peter.

3// Die Neuen heißen Manu und Lola.

4// Die mit dem Stirnband heißen David, Marina und Ruben.

5// Die mit den Trinkflaschen heißen Ruben, David, Manu und Anna.

6// Nein, Entschuldigung, die mit den Flaschen heißen Lola, Laura, Anton und Mara.

7// Anna und Peter senden häufig sehr lange Sprachnachrichten in der WhatsApp-Gruppe des Zumba-Kurses.

8// Der vorige Punkt ist nicht wichtig, er dient nur als Kritik.

9// Die Personen, die Tanktops tragen, sind Ruben, Anton und Anna.

10// Die drei Kleinsten sind Anna, Peter und Lola.

11// Die Neuen sind die mit den Handtüchern.

12// Manu schlägt immer vor, sich danach auf einen Drink zu treffen, es ist also wahrscheinlich, dass sein Hauptinteresse nicht Zumba ist (wobei auch das zugegebenermaßen nicht wichtig ist).

Zuordnen

Nie ohne mein Team

Wenige Dinge verbinden die Bevölkerung eines Landes so sehr wie eine Fußballweltmeisterschaft. Ganz egal, ob es wirklich am Interesse liegt oder die Spiele einfach nur eine gute Ausrede sind, um sich mit seinen Freund*innen im heißen Sommer auf ein kühles Bier zu treffen. Weißt du, zu welchen Ländern diese Trikots gehören?

1// ....

2// ....

3// ....

4// ....

5// ....

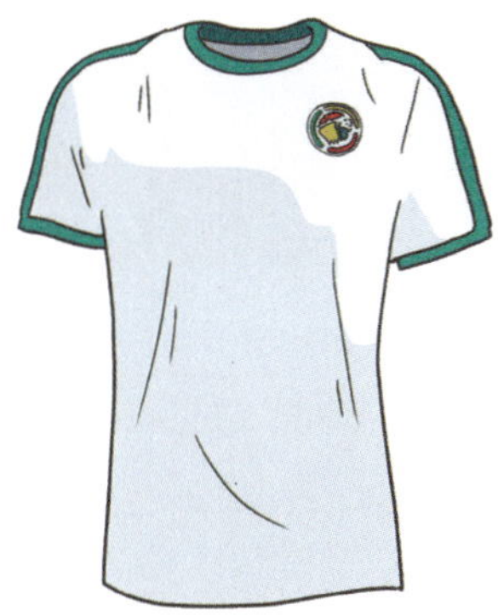

6// ....

4// ....

5// ....

6// ....

Finde die Unterschiede

Auf dem Weg nach Oz

Du weißt sicher schon, was du tun musst, um die Unterschiede in diesen beiden Bildern zu finden: dem gelben Ziegelsteinweg folgen. Das und dir jedes kleinste Detail der beiden Bilder ganz genau anschauen, um die zehn Dinge zu finden, die sie voneinander unterscheiden. Es ist zwar nicht so einfach, wie dreimal die Hacken zusammenzuschlagen, um die Unterschiede magisch vor dir auftauchen zu lassen, aber du wirst sie trotzdem finden.

Verbinden und ausfüllen

Sprachbarrieren

Jede Generation hat ihre eigenen Redewendungen und Begriffe. Wenn sie jemand benutzt, weißt du sofort, dass diese Person zweifellos aus deinem Jahrgang kommt. Es gibt allerdings auch andere, die genau den umgekehrten Effekt haben: Was will dein Enkel eigentlich damit sagen, wenn er in einer WhatsApp schreibt, dass er dich ASAP besuchen kommt? Um dir zu helfen, diese Sprachbarrieren zwischen Generationen zu überbrücken, haben wir diese zweiteilige Übung vorbereitet.

Im ersten Teil haben wir traditionelle und moderne Begriffe vermischt und deine Aufgabe ist es, sie mit ihrer jeweiligen Definition zu verbinden. Im zweiten Teil geht es darum, das Gelernte in die Praxis umzusetzen und sie in einen Satz einzufügen.

Lösung: __ __ __ __ __ __ __ __ __ __ __

BEGRIFFE:

1. Mega
2. Crush
3. Ciao Kakao
4. Oki doki
5. LOL
6. Tohuwabohu
7. Tacheles reden
8. Bae
9. Heiiiii
10. ASAP
11. Ojemine!

DEFINITIONEN:

1. Enthusiastischer Gruß
2. Abkürzungen des englischen Ausdrucks „as soon as possible“ (so bald wie möglich). Bald.
3. Zum Punkt bzw. zur Sache kommen.
4. Abkürzung des englischen „laughing out loud“. Ausdruck für lautes Lachen, oder wenn man etwas sehr lustig findet.
5. Benutzt man, um sich zu verabschieden.
6. Platonisches, romantisches, jugendlich anmutendes Verliebtsein. Bezeichnet auch die Person, die du magst.
7. Ausruf des Mitleids, Entsetzen oder Überraschung. Verkürzung des Ausrufs „O Jesu Domine“ („Herr Jesus“).
8. Ja, gut, zusagend.
9. Aus dem englischen „Before anyone else“ (vor allen anderen). Zärtliche Bezeichnung, die hauptsächlich zwischen Paaren oder Freund*innen verwendet wird.
10. Eine große Menge. Viel, sehr.
11. Chaos, Durcheinander, Wirrwarr.

BEISPIELSÄTZE:

1. Ich habe einen riesigen .... auf Richard Gere, seit ich ihn in *Pretty Woman* gesehen habe.

2. Die Hochzeit von Elias und Stella steht unter dem Motto: „Du, mein .... für immer“.

3. Elena, räum deinen Teller weg und pack deine Tasche ...., ich sag’s dir nicht noch einmal.

4. Ich habe mein Zeug zusammengepackt wie eine Verrückte und war dann kurz davor, einfach die Treppe hinunterzugehen und in Hausschuhen einzukaufen, ...

5. Heute im Büro ging alles drunter und drüber, ein einziges .... !

6. ...., wo kommen denn die vielen Katzen in meinem Vorgarten her?

7. So kann es einfach nicht weitergehen. Wir müssen jetzt mal ....

8. Kommst du heute Nachmittag zu der Ausstellung, von der ich dir erzählt habe? – ....

9. Du bekommst eine WhatsApp, in der steht: „ ...., ich bin auf dem Weg, ich kann es kaum erwarten, dich zu sehen!“

10. Ich bin .... begeistert von diesem Buch. Es ist ein Meisterwerk.

11. Diese Leute werden bei so viel Wein ganz schön albern. Ich weiß genau, wie der Plan endet, und ich werde passen. ....

Sortieren

Dasselbe in Grün

Achtung, Verwechslungsgefahr! Die unten stehenden Begriffe müssen in zwei Kategorien einsortiert werden, aber alle sind so ausgewählt, dass sie irgendwie auch in beide Kategorien passen könnten. Gelingt es dir, die richtige Zuordnung zu finden? Hier ist Fingerspitzengefühl gefragt, lass dich nicht in die Irre führen!

1// Filme mit Robin Williams oder Robert de Niro?

Jumanji / Der Pate – Teil II / GoodFellas – Drei Jahrzehnte in der Mafia / Der Club der toten Dichter / Taxi Driver / Good Morning, Vietnam / Hinter dem Horizont / Meine Braut, ihr Vater und ich / Good Will Hunting / Man lernt nie aus / Casino / The Irishman / Popeye / Mrs. Doubtfire / Wie ein wilder Stier / Hook / Nachts im Museum

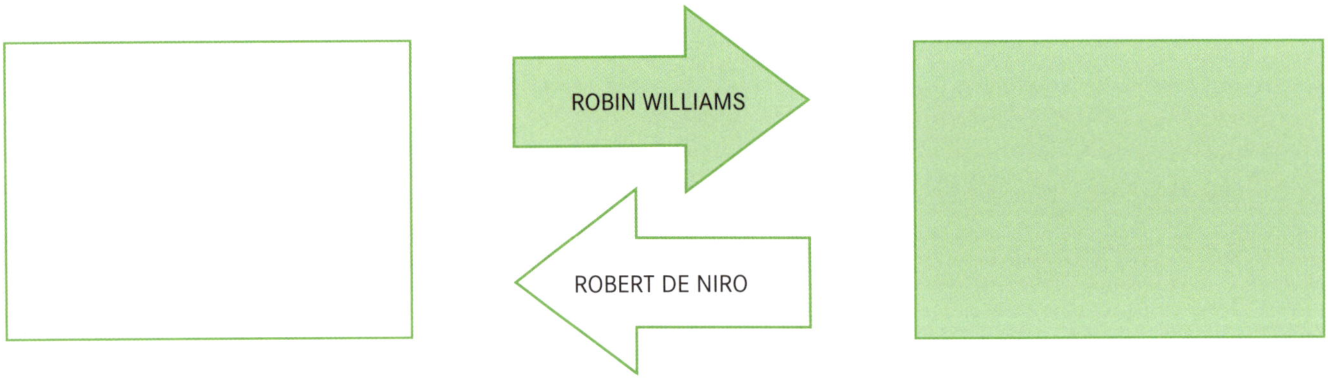

2// Hits der 70er oder 80er?

In the Army Now – Status Quo / *Take on me* – A-ha / *What's Love Got to Do With It* – Tina Turner / *Rocket Man* – Elton John / *Girls Just Want to Have Fun* – Cyndi Lauper / *Highway to Hell* – AC/DC / *SOS* – ABBA / *Ein Bett im Kornfeld* – Jürgen Drews / *Total Eclipse of the Heart* – Bonnie Tyler / *Tainted Love* – Soft Cell / *Tränen lügen nicht* – Michael Holm / *The Final Countdown* – Europe / *Bohemian Rhapsody* – Queen / *Rivers of Babylon* – Boney M.

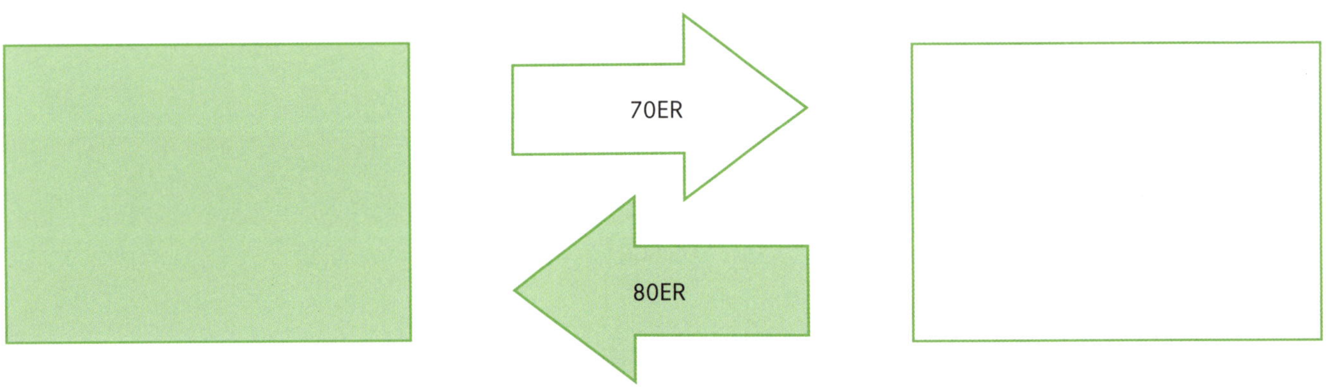

3// Fisch oder Frisur?

Stöpsellocke / Schmalztolle / Bubikopf / Moderlieschen / Glänzender Schleimkopf / Mähne / Barbe / Pagenkopf / Bob / Irokese / Prachtschmerle / Forelle / Schleierschwanz / Guppy / Laternenträger / Dauerwelle

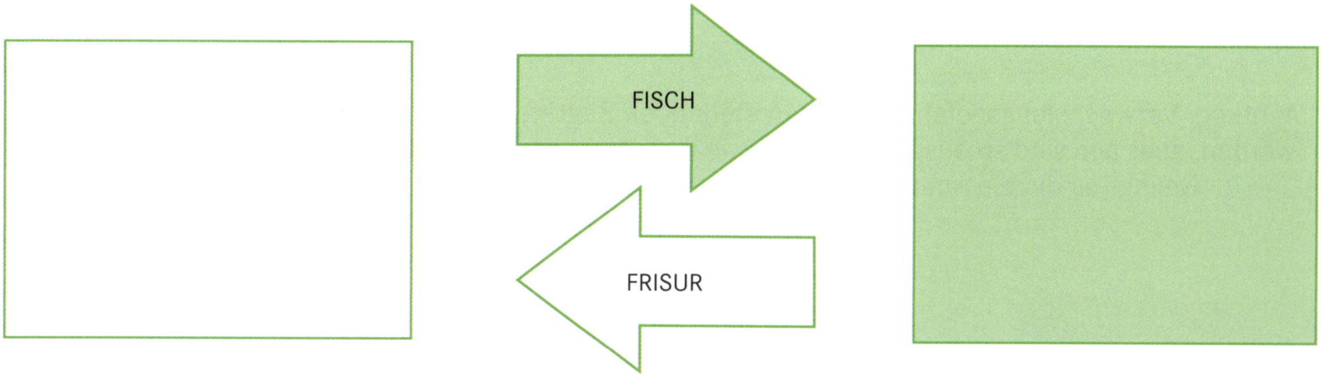

4// Älter oder jünger als Angela Merkel?

Adam Sandler / Iris Berben / Maggie Smith / Olaf Scholz / Hillary Clinton / Robert De Niro / Madonna / Meryl Streep / Pierce Brosnan / Jamie Lee Curtis / Bill Gates / Barack Obama

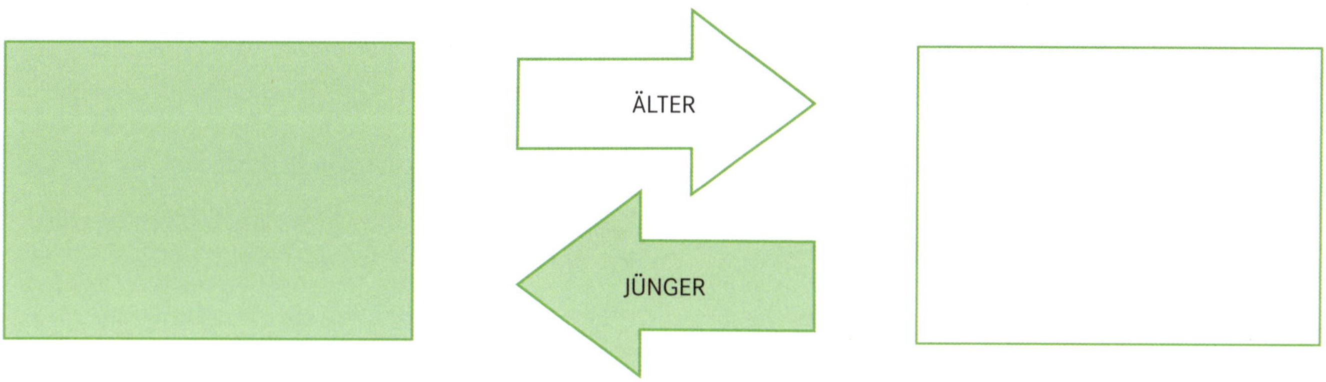

5// Richtig oder falsch geschrieben?

Aquise / Büfett / Kommitee / Kuß / Jackett / Lappalie / Diarrhö / Rückrat / todlangweilig / asymmetrisch / brilliant / am Besten / parallel / Entgeld

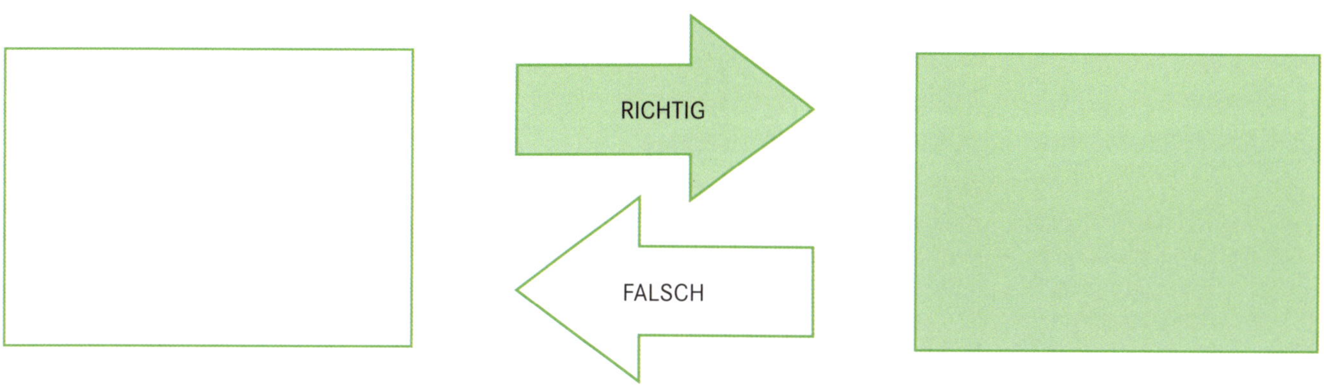

Quiz

Scheißjahre

In den letzten Jahren konnten wir Zeug*innen werden, wie eine große Krise die andere jagte, und am Ende des Jahres bleibt uns vor allem die Hoffnung, dass es im kommenden Jahr wieder aufwärtsgeht. Doch auch wenn es ein schwacher Trost ist: Es gab Jahre, die noch schlimmer waren als die letzten. Wir haben hier die schrecklichsten Jahre in der Geschichte der Menschheit zusammengetragen. Willst du wissen, welche das sind und warum? Dann beantworte diese Fragen.

1// 536: Manche halten es für das schlimmste Jahr aller Zeiten. Die Temperaturen fielen in den Keller, die Sonne kam kaum heraus, in ganz Europa und Asien herrschten Hunger, Elend und Kälte. Es wird angenommen, dass der Ausbruch eines isländischen Vulkans daran schuld war. Die Hauptstadt dieses Landes ist Reykjavik. Weißt du, was dieser Name bedeutet?

a) **„Rauchbucht“**
b) **„Robbenbucht“**
c) **„Feuerbucht“**

2// 542: Die Welt hatte sich noch nicht von 536 erholt, als im Mittelmeerraum eine Pandemie unbekannten Ursprungs ausbrach, die ein Viertel der Menschheit auslöschte. Sie wurde die „Justinianische Pest“ genannt, weil dieser zu der Zeit in Konstantinopel regierte. Weißt du, was die symbolische Farbe der römischen und byzantinischen Kaiser war?

a) **Azur**
b) **Purpur**
c) **Karmesin**

3// 1218: In Persien wurden einige mongolische Abgesandte ermordet, und Dschingis Khan rächte sich mit einer Invasion, die Massaker, Seuchen, Hungersnöte und millionenfache Flüchtlingsströme um die halbe Welt auslöste. Er hatte nicht zu diesem Mittel greifen wollen, aber aus seiner Sicht blieb ihm keine andere Wahl. Weißt du, was Dschingis Khan bedeutet?

a) **Großer König**
b) **Der Stärkste**
c) **Herr der Meere**

4// 1315: Dieses Jahr markiert den Beginn einer Reihe von Hungersnöten, die sich in ganz Europa ausbreiteten und Krankheiten, Kannibalismus, Kindermord und andere Entgleisungen nach sich zogen. Zu dieser Zeit soll auch die allererste Version eines Märchens über verlassene Kinder entstanden sein. Welches Märchen?

a) **Hänsel und Gretel**
b) **Rapunzel**
c) **Rotkäppchen**

5// 1347: Erinnerst du dich an die Pandemie aus Frage 2? Es wird angenommen, dass sie in diesem Jahr zurückkehrte und den sogenannten „Schwarzen Tod“ auslöste, der fast die Hälfte der europäischen Bevölkerung tötete. Sie veränderte alles, sogar die Mentalität der Menschen. Man geht davon aus, dass die Pandemie den Beginn einer neuen Ära einleitete, die als *Renaissance* bekannt wurde. In welcher Stadt brach dieses Zeitalter als Erstes an?

a) **Bologna**
b) **Florenz**
c) **Rom**

6// 1370: Tamerlane (d. h. „Timur der Lahme“), ein muslimischer Eroberer mongolischer Herkunft, begann in diesem Jahr seine berühmten Invasionen. Er war einer der bedeutendsten Feldherren der Geschichte, das heißt, er hat sehr viele Menschen getötet oder töten lassen. Fünf Prozent der damaligen Menschheit, heißt es. Er wurde im heutigen Usbekistan geboren. Welche ist die Hauptstadt des Landes?

a) **Astana**
b) **Taschkent**
c) **Baku**

7// 1520: Die von den Spaniern eingeschleppten Pocken lösten die erste Epidemie auf dem amerikanischen Kontinent aus. In Anbetracht der Tatsache, dass dieser Kontinent seit Tausenden von Jahren keinen Kontakt mit dem Rest der Welt hatte, war die Sterblichkeitsrate entsprechend sehr hoch. Welche der folgenden (nicht tödlichen) Dinge gab es dort vor der Ankunft der Europäer nicht?

a) **Zwiebel**
b) **Kürbis**
c) **Tomate**

8// 1600: Der Ausbruch des Vulkans Huaynaputina, die größte Explosion in der Geschichte Südamerikas, verursachte ein solches klimatisches Ungleichgewicht, dass es in Russland (ja, in Russland) zu einer Hungersnot kam, bei der ein Drittel der Bevölkerung starb. Dieser Vulkan liegt in der Nähe der Stadt Arequipa, also in ...

a) **Argentinien.**
b) **Peru.**
c) **Bolivien.**

9// 1618: Der Dreißigjährige Krieg begann, ein ganz Europa umfassender Krieg zwischen Protestant*innen und Katholik*innen, der den Kontinent in Schutt und Asche legte. Der Konflikt begann mit der Entmachtung der katholischen Herrscher in einer großen protestantischen Stadt. Weißt du, welche das war?

a) **München**
b) **Wien**
c) **Prag**

10// 1630: In den englischen Kolonien Nordamerikas brach die Pockenepidemie aus und zwei von drei amerikanischen Ureinwohnern starben. Damals hieß New York noch ...

a) **Neu-Essex.**
b) **Neu-Hamburg.**
c) **Neu-Amsterdam.**

11// 1770: Misswirtschaft und Dürre verursachten die erste Hungersnot im britisch kontrollierten Indien. Die erste, denn es folgten weitere: 1783, 1791, 1837, 1860, 1865, 1868, 1873, 1876 und so weiter bis zur fünfundzwanzigsten Hungerwelle, denen viele Millionen Menschen zum Opfer fielen. Ab wann war Indien nicht mehr Teil des britischen Empire?

a) **1931**
b) **1947**
c) **1963**

12// 1816: Dieses Jahr, das als „das Jahr ohne Sommer" und für den Ausdruck „Achtzehnhundertunderfroren" bekannt wurde, war – du hast es erraten – ein sehr kaltes Jahr. Und auch ein Jahr voller Hungersnöte. Aber immerhin eine Sache gute Sache ist gelungen: Jemand nutzte das schlechte Wetter, um sich im Haus einzuschließen und einen Klassiker zu schreiben. Welchen?

a) ***Doktor Jekyll und Mr. Hyde***
b) ***Frankenstein***
c) ***Dracula***

13// 1836: Die USA beschlossen, sich der verbliebenen amerikanischen Ureinwohner*innen zu entledigen und begannen mit der Deportation, Inhaftierung und Hinrichtung der Ureinwohner. Wer bewirtschaftete das Land, das sie zurückließen? Richtig: afrikanische Sklav*innen. Wie viel Prozent der Bevölkerung der heutigen Vereinigten Staaten sind Nachkommen von amerikanischen Ureinwohner*innen?

a) **1,6 %**
b) **5,6 %**
c) **11,6 %**

14// 1851: Ein chinesischer Beamtenanwärter fiel durch sein Examen, geriet in eine Krise, träumte davon, der Bruder von Jesus Christus zu sein, erhob sich und löste einen der schlimmsten Kriege der Menschheitsgeschichte aus (ja, das stimmt alles). Er verlor zwar, hinterließ aber Asien und die letzte chinesische Kaiserdynastie sehr demoliert. Weißt du, um welche es sich handelt?

a) **Ming**
b) **Sing**
c) **Qing**

15// 1914: Dieses Jahr begann nicht schlecht, aber es endete mit Hunderttausenden von jugendlichen Todesopfern, denn im Sommer brach der Erste Weltkrieg aus, der in Bezug auf die Anzahl der Toten der schlimmste aller Zeiten war. Ein berühmtes Ereignis führte zum Ausbruch des Krieges: die Ermordung des österreichisch-ungarischen Thronfolgers in ...?

a) **Zagreb.**
b) **Belgrad.**
c) **Sarajevo.**

16// 1918: Gerade als der schlimmste Krieg der Geschichte zu Ende ging, brach die schlimmste Pandemie der Geschichte aus, die als „Spanische Grippe" bekannt ist. Wieso?

a) **Sie wurde zuerst in Spanien erwähnt.**
b) **Sie hatte ihren Ursprung in Spanien.**
c) **Spanien war das am stärksten betroffene Land.**

17// 1933: Das Jahr der allgemeinen Wirtschaftskrise und damit des Hungers und des Elends. Es war auch das Jahr, in dem ein gewisser Adolf Hitler die Macht in Deutschland übernahm. Dies geschah, nachdem er eine Wahl gewonnen hatte, bei der er zwar die Opposition terrorisiert, aber dennoch nicht die von ihm erwartete Mehrheit erhalten hatte. Nicht, dass ihn das besonders gekümmert hätte. Wie viel Prozent der Stimmen erreichten die Nazis bei den letzten Wahlen, bevor sie eine Diktatur errichteten?

a) **33,91 %**
b) **43,91%**
c) **53, 91%**

Quiz

Die Olympischen Spiele

Im Jahr 1976 ging die Gymnastin Nadia Comaneci mit der ersten perfekten 10 auf dem Stufenbarren in Montreal in die Geschichte ein. Das war so außergewöhnlich, dass die elektronische Anzeigetafel nicht darauf vorbereitet war und eine 1.00 anzeigte. Der olympische Mythos war geboren und zierte schon bald alle Titelseiten. Beantworte diese Fragen über die Olympischen Spiele und benutze die Buchstaben der richtigen Antworten, um die Schlagzeile zu enthüllen, mit der das *Time Magazine* Nadia damals krönte.

Schlagzeile: _ _ _ ’ _   _ _ _ _ _ _ _

1// Wegen des Coronavirus wurden 2020 die Olympischen Spiele in Tokio verschoben. Aber es gab andere, die komplett abgesagt wurden. Welche?

s) **1916, 1940 und 1944**
d) **1912, 1952 und 2000**
l) **1920, 1936 und 1940**

2// Wie hieß das erste offizielle Maskottchen 72 in München?

a) **Maja**
h) **Waldi**
n) **Benji**

3// Als Nadia Comaneci mit ihrer perfekten 10 am Stufenbarren in die Geschichte einging, war sie gerade einmal 14 Jahre alt. Welches Land vertrat sie?

e) **Rumänien**
a) **Ungarn**
f) **Russland**

4// Es ist nicht alles Gold, was glänzt. Aus welchem Material werden die Medaillen der Sieger wirklich hergestellt?

t) **Mit Gold überzogene Bronze**
s) **Mit Gold überzogenes Silber**
n) **Messing**

5// Der jüngste Athlet, der jemals eine Medaille gewann, war der griechische Turner Dimitrios Loundras 1896 in Athen. Wie alt war er?

o) **5**
p) **10**
i) **15**

6// Bis zu den Pariser Spielen im Jahr 1900 war die Teilnahme von Frauen untersagt. Damals waren sie mit 2 % an der Gesamtzahl der Teilnehmer beteiligt. Mit wie viel Prozent waren sie 2012 in London vertreten?

d) **60 %**
r) **5 %**
e) **44 %**

7// Der Ursprung des olympischen Feuers geht auf das antike Griechenland zurück, aber bei welchen modernen Olympischen Spielen wurde es erstmals wieder verwendet?

r) **Amsterdam 1928**
c) **Barcelona 1992**
i) **Berlin 1936**

8// Wer ist der*die erfolgreichste olympische Sportler*in aller Zeiten?

h) **Larisa Latynia**
f) **Michael Phelps**
g) **Carl Lewis**

9// Die Legende besagt, dass Muhammad Ali nach einem Streit die Goldmedaille, die er 1960 in Rom gewonnen hatte, in den Fluss warf. Unter welchem Namen ist der Boxer damals angetreten?

e) **Cassius Clay**
p) **Sugar Rey Robinson**
h) **Rocky Marciano**

10// Das IOC erwägt, einige eSports in die Olympischen Spiele einzubeziehen. Was sind eSports?

u) **Sportarten, an denen ein Roboter teilnimmt**
c) **Elektronische Sportarten**
o) **Sportarten, die körperliche und geistige Tests kombinieren**

11// Und welche dieser modernen Sportarten hat es schon geschafft, 2024 zum ersten Mal bei den Spielen dabei zu sein?

i) **Stand-up-Paddling**
f) **Parkour**
t) **Breakdance**

Verbinden

Licht aus, Spot an!

In den USA sind es Showmaster wie Jimmy Kimmel, die für ihre Fans untrennbar mit der von ihnen moderierten Sendung verknüpft sind (nicht zuletzt weil die Sendung ihren Namen trägt). Doch auch die deutschsprachige TV-Landschaft hat ihre eigenen ikonischen TV-Persönlichkeiten zu bieten. Das weißt du natürlich, und deswegen wird es dir auch extrem leichtfallen, die folgenden Moderator*innen den von ihnen präsentierten Sendungen zuzuordnen, stimmt's?

Diese Person …	**moderiert …**
Hugo Egon Balder	*Ich bin ein Star – Holt mich hier raus!*
Inka Bause	*disco*
Rudi Carrell	*ZDF-Fernsehgarten*
Andrea Kiewel	*Traumhochzeit*
Stefan Raab	*Der Große Preis*
Ilja Richter	*Die ultimative Chartshow*
Dieter Thomas Heck	*Bauer sucht Frau*
Oliver Geissen	*Löwenzahn*
Alfred Biolek	*Tutti Frutti*
Peter Lustig	*Am laufenden Band*
Wim Thoelke	*ZDF Hitparade*
Günther Jauch	*alfredissimo!*
Sonja Zietlow	*Wer wird Millionär?*
Linda de Mol	*TV Total*

Megatest

Die Abschlussprüfung

Immer mit der Ruhe. In dieser „Abschlussprüfung“ haben wir Fragen über Geografie, Wissenschaft, Geschichte, Kunst, Sprachen, Literatur und Religion zusammengestellt, deren Antworten du sicher schon einmal irgendwann gelernt hast. Es ist nicht immer einfach, sich an alles zu erinnern, aber wie viele Leute können wirklich alle deutschen Flüsse aufzählen? Oder wer kennt das Periodensystem in- und auswendig? Falls du eine dieser Personen bist, herzlichen Glückwunsch, ansonsten laden wir dich ein, hier altes Wissen wieder aufzufrischen.

1// Eine dieser Städte ist die Hauptstadt Ungarns.
a) **Vilnius**
b) **Budapest**
c) **Prag**

2// Wie hoch ist die Lichtgeschwindigkeit?
a) **300.000 km/s**
b) **3000 km/s**
c) **300 km/s**

3// Welches australische Tier legt zwar Eier, ist jedoch zugleich ein Säugetier?
a) **Wallaby**
b) **Schnabeltier**
c) **Koala**

4// ____ ihr beiden zusammen ____, ____ ihr einfach nicht mehr dieselben.
a) **Seit, seid, seit**
b) **Seid, seit, seid**
c) **Seit, seid, seid**

5// In welchem Jahr endete der erste Weltkrieg?
a) **1908**
b) **1918**
c) **1928**

6// Was bezeichnet man als dorisch, ionisch oder korinthisch?
a) **Griechische Bauordnungen**
b) **Teile einer klassischen Säule**
c) **Römische Bildhauerstile**

7// Für die Griechen ist er Dionysos, für die Römer Bacchus.
a) **Der Gott des Krieges**
b) **Der Gott des Weines**
c) **Der Gott der Musik**

8// Durch welches dieser Bundesländer fließt die Donau nicht?
a) **Rheinland Pfalz**
b) **Bayern**
c) **Baden-Württemberg**

9// Welche dieser natürlichen Chemikalien, die für einen Stimmungsaufschwung sorgen, produzieren wir, wenn wir regelmäßig Sport treiben?
a) **Oxytocin**
b) **Endorphin**
c) **Serotonin**

10// Ein Sonett hat wie viele Verse?
a) **Sechzehn**
b) **Acht**
c) **Vierzehn**

11// Welches dieser Wörter findet man nicht im Duden?
a) **Flugzeugentführung**
b) **Flugberechnung**
c) **Amphibienflugzeug**

12// In welchem Jahr fiel die Berliner Mauer?
a) **1994**
b) **1980**
c) **1989**

13// Welcher Bergsteiger hat als Erster alle 14 Achttausender der Welt bestiegen?
a) **Reinhold Messner**
b) **Jerzy Kukuzcka**
c) **Carlos Corsolio**

14// Das Neue Testament enthält wie viele Evangelien?
a) **Zwölf**
b) **Zehn**
c) **Vier**

15// Welcher Berg ist der höchste Deutschlands?
a) **Der Hochwanner (Bayern)**
b) **Die Zugspitze (Bayern)**
c) **Der Feldberg (Baden-Württemberg)**

16// Das Symbol für Gold im Periodensystem ist ...
a) **Go.**
b) **Au.**
c) **O.**

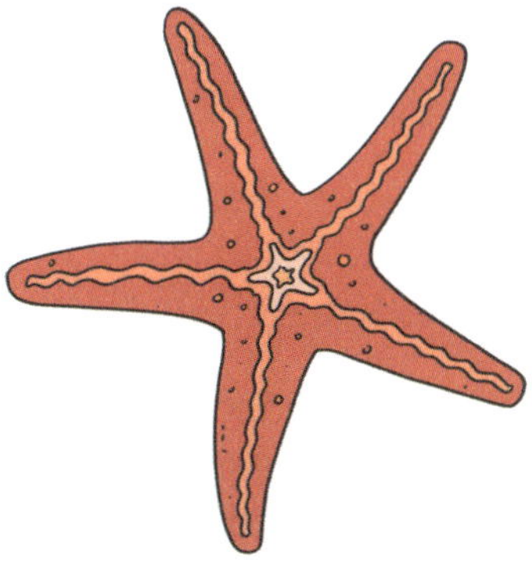

17// Wann veröffentlichte Schiller *Die Räuber?*
a) **1781**
b) **1802**
c) **1650**

18// Welches dieser Wörter schreibt man eigentlich ohne h?
a) **wühlen**
b) **spühlen**
c) **fühlen**

19// Wie hieß der letzte Deutsche Kaiser?
a) **Wilhelm II.**
b) **Friedrich III.**
c) **Karl II.**

20// Monet und Manet hatten nicht nur fast identische Namen, sondern auch den gleichen künstlerischen Stil. Sie waren beide ...
a) **Expressionisten**
b) **Impressionisten**
c) **Kubisten**

21// Eine Person, die der Religion abschwört, ist ...
a) **Agnostiker.**
b) **Heide.**
c) **Apostat.**

22// Welches ist das bevölkerungsreichste Land der Welt?
a) **Indien**
b) **USA**
c) **China**

23// Wasser mit Salz ...
a) **kocht, bevor es 100°C erreicht.**
b) **kocht, wenn es 100°C erreicht.**
c) **kocht erst, wenn es heißer als 100° C ist.**

24// Welches Musikinstrument ist auf der irischen 1-€-Münze abgebildet?
a) **Dudelsack**
b) **Geige**
c) **Harfe**

25// „Wir liegen seit heute Morgen hier.“ – Welches Adverb gibt in dem Satz den Ort an?
a) **Morgen**
b) **hier**
c) **heute**

26// In den 60er- und 70er-Jahren wurde in den USA gegen welchen Krieg demonstriert?
a) **Den Zweiten Weltkrieg**
b) **Den Vietnamkrieg**
c) **Den Golfkrieg**

27// Was ist Ramadan?
a) **Ein muslimisches Gebet**
b) **Das heilige Buch des Islam**
c) **Der Fastenmonat des Islam**

28// Welches dieser Bundesländer grenzt nicht an Hessen?
a) **Thüringen**
b) **Niedersachsen**
c) **Saarland**

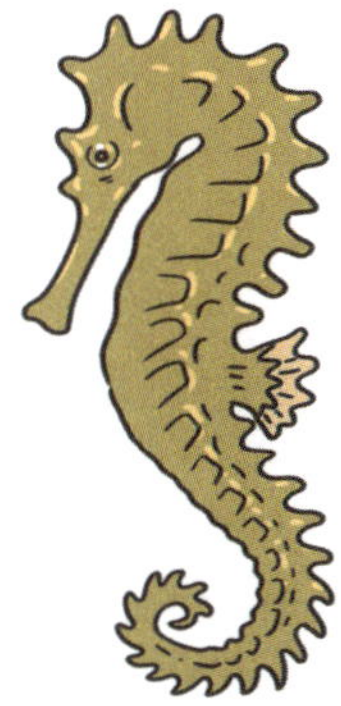

29// Welcher dieser Planeten ist am weitesten von der Sonne entfernt?
a) **Jupiter**
b) **Uranus**
c) **Neptun**

30// Was sind Epik, Dramatik, Lyrik?
a) **Die drei großen literarischen Gattungen**
b) **Schreibstile**
c) **Romanarten**

Hieroglyphen

Minimalistisches Kino

Zum Altern gehört es, zu wissen, wie man jung bleibt, und sich darüber auf dem Laufenden zu halten, was die Kids von heute cool finden. Diese Filme zum Beispiel. Einige von ihnen hast du bestimmt selbst schon einmal gesehen, denn sie gehören zu den Klassikern des zeitgenössischen Kinder- und Jugendkinos. Wir haben sie auf ein einziges Bild reduziert. Weißt du, für welchen Film jedes einzelne steht? Wir helfen dir, indem wir dir das Jahr der Veröffentlichung nennen.

1// ....
1982

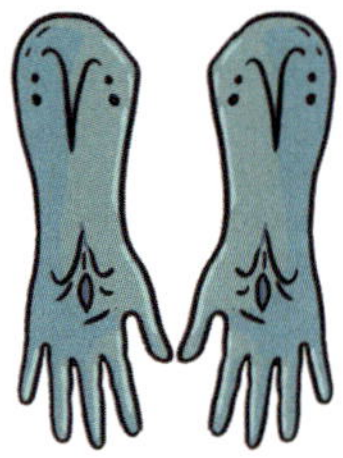

2// ....
2013

3// ....
1937

4// ....
1989

5// ....
1985

6// ....
1995

7// ....
1991

8// ....
1967

9// ....
1964

10// ....
1990

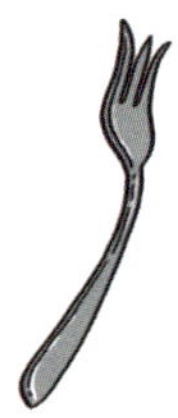

11// ....
1989

12// ....
2004

13// ....
1989

14// ....
1959

15// ....
1939

16// ....
2003

Lösungen.

Seite 6

Hieroglyphen.
Filmtitel wörtlich genommen

1// *Shining.*
2// *Casablanca*
3// *e-m@il für Dich.*
4// *Die Katze auf dem heißen Blechdach.*
5// *Vom Winde verweht.*
6// *Frühstück bei Tiffany.*
7// *Die Reifeprüfung.*
8// *Das Schweigen der Lämmer.*

Seite 7

Zuordnen.
Grün, grün, grün ist alles, was ich mag

1// Frucht: Apfel, Kirsche, Esskastanie, Haselnuss, Walnuss, Pfirsich, Eberesche (Vogelbeere).
2// Keine Frucht: Douglasie, Fichte, Kiefer, Ahorn, Tanne, Birke, Ulme.
3// Mit Blüten: Rosskastanie, Tulpen-Magnolie, Manna-Esche, Rotdorn, Speierling.

Seite 8–9

Verknüpfen.
Digitale Konzepte

1// Posten.
2// TikTok.
3// Hashtag.
4// Scrollen.
5// Tinder.
6// Fake News.
7// Zoom fatigue.
8// Cancel Culture.
9// Liken.
10// Instagrammable.
11// Trending Topic.
12// Fact-Checking.
13// Trollen.
14// Unfollowen.

Seite 10

Auswählen.
Rezepte mit Hindernissen

1// Hackfleisch.
2// Kichererbsen.
3// Muskatnuss.
4// Forelle.
5// Honig.
6// Basilikum.
7// Radieschen.
8// Kokosraspeln.
9// Tomatenmark.
10// Sojasoße.
11// Mozzarella.

Seite 11

Zuordnen.
*Buchliebhaber*innen*

1// Boris Pasternak.
2// Leo Tolstoi.
3// Jane Austen.
4// Gabriel García Márquez.
5// William Shakespeare.
6// Emily Brontë.
7// Margaret Mitchell.
8// Charlotte Brontë.

Seite 12–13

Sortieren.
Anagramme

1// Sport.
2// Dinosaurier.
3// Matrose.
4// Kunst.
5// Angelschnur.
6// Schokolade.
7// Abendsonne.
8// Scherbenhaufen.
9// Schaumkrone.
10// Kellerassel.
11// Kleiderschrank.
12// Schabernack.
13// Zauberkraft.
14// Waschmaschine.
15// Pferdeflüsterin.
16// Lichterkette.
17// Schulweg.
18// Heimweh.
19// Stromschnellen.
20// Mehrwegflasche.
21// Schweinsbraten.
22// Bartwuchs.
23// Feierabendbier.
24// Liebeskummer.

Seite 14

Quiz.
Weltmetropolen
1// B – New York.
2// B – Schanghai.
3// A – São Paulo.
4// B – Sydney.
5// B – Wellington.
6// A – Toronto.
7// B – Mumbai.
8// A – Casablanca.
9// B – Johannesburg.
10// A – Lagos.
11// A – Philippinen.

Seite 15

Zahlenreihe.
Harrison Hot

69441069

Seite 16–17

Vervollständigen.
Vorabend-Familienfehden

1// *Sturm der Liebe*
2// *Rote Rosen*
3// *Verliebt in Berlin*
4// *Gute Zeiten, schlechte Zeiten*
5// *In aller Freundschaft*
6// *Hinter Gittern – Der Frauenknast*
7// *Lindenstraße*
8// *Marienhof*
9// *Verbotene Liebe*
10// *Alles was zählt*

Seite 18–19

Quiz.
Sehenswürdigkeiten vor der Haustür

1// B – 3 Wochen.
2// B – 250.
3// B – 50-Cent-Münze.
4// B – 34 Generationen.
5// A – Der Württembergische Landesposaunentag.
6// C – Machu Picchu.
7// A – Voltaire.
8// B – Julia (aus Romeo und Julia).
9// B – Leipzig.
10// C – Siegesdenkmal Monumentum Victoriae

Seite 20

Verbinden.
*Ergraute Rebell*innen*

1. Jane Goodall – 7
2. Javier Bardem – 6
3. Jane Fonda – 1
4. George Clooney – 8
5. Angela Davis – 2
6. Angelina Jolie – 10
7. Brigitte Bardot – 3
8. Gloria Steinem – 9
9. Leonardo DiCaprio – 4
10. Dolly Parton – 5

Seite 21

Identifizieren.
Wortfamilien

1// Kichererbse.
2// Flasche.
3// Liegestuhl.
4// Quadrizeps.
5// Zimmer.
6// Vereinigtes Königreich.
7// Affe.
8// Kirmes.
9// Galaxie.
10// Smartphone.
11// Socke.
12// Knospe.
13// Kommode.
14// Sächsisch.
15// Artischocke.

Seite 22–23

Schätzen.
Gefährliches Halbwissen

1// 11.034m, der Marianengraben.
2// 11.
3// 15,2 Millionen Katzen, 10,6 Millionen Hunde.
4// Circa 28 Stunden (mit ca. 15 km/h).
5// 6.650 km, der Nil. Seit den 1950ern herrscht jedoch ein emotionaler Diskurs, ob nicht – mit modernen Messmethoden – der Amazonas als längster Fluss der Welt gelten müsste.
6// 10. Januar 1863.
7// Offiziell in 80 Sprachen, dazu kommen noch einige inoffizielle Fan-Übersetzungen.
8// 43.042 m.
9// 3,5 Millionen Zuschauer. Beim Neujahrskonzert 1994/95 von Rod Stewart am Copacabana Beach in Rio de Janeiro.
10// 798 kg, davon muss der*die Fahrer*in mindestens 80 kg ausmachen.
11// 15.7.1785, zwei französische Luftfahrtpioniere stürzten mit ihrem Rozière-Ballon ab.
12// 768.800 km – zweimal 384.400km.
13// Circa 1300 g für eine Flasche Rotwein. Für Weißwein 1500 g.
14// 665 m².
15// ca. 45.000.
16// 1810, anlässlich der Hochzeit von Kronprinz Ludwig von Bayern und Prinzessin Therese.

Seite 24–25

Identifizieren.
Große Beleidigungen

1// William Shakespeare
2// Elton John
3// John Gielgud
4// John Lennon
5// Miguel de Cervantes
6// Susan Sarandon
7// Muhammad Ali
8// Jim Carrey
9// Bette Davis
10// Winston Churchill

Seite 26–27

Zuordnen.
Für mich soll's rote Rosen regnen

1// Vereinigtes Königreich.
2// Niederlande.
3// Spanien.
4// Schottland.
5// Ukraine.
6// Österreich.
7// Frankreich.
8// Polen.
9// Estland.
10// Irland.

Seite 28

Erkennen.
Universelle Kleidung

1// *Alien.*
2// *Star Trek.*
3// *Mars Attacks!*
4// *2001: Odyssee im Weltraum.*
5// *Tim und Struppi.*
6// *Der Marsianer.*
7// *Die Simpsons.*
8// *Star Wars.*
9// *Armageddon.*
10// *WALL-E.*
11// *Futurama.*
12// *Interstellar.*

Seite 29

Sortieren.
Wann war was?

1// **Filme:** 3, 4, 1, 5, 2 (Citizen Kane (1941), Manche mögen's heiß (1959), Psycho (1960), Spiel mir das Lied vom Tod (1968), Stirb langsam (1988)).
2// **Erfindungen:** 5, 2, 1, 4, 3 (Buchdruck (1458), Telefon (1876), Glühbirne (1879), Automobil (1886), Flugzeug (1903)).
3// **Songs der 80er:** 4, 2, 1, 3, 5 (Thriller – Michael Jackson (1982), Time After Time – Cindy Lauper (1983), You're My Heart, You're My Soul (1984), Jeanny – Falco (1985), Looking For Freedom (1989)).
4// **Geburtsjahr:** 3, 1, 5, 2, 4 (alle wurden am 22. September geboren: Hans Scholl (1918), Rosamunde Pilcher (1924), Wolfgang Petry (1951), Andrea Bocelli (1958), Christian Ulmen (1975)).
5/ **Promi-Trennung:** 1, 5, 2, 4, 3 (Dieter Bohlen und Nadja Abd El Farrag (2001), Brad Pitt und Jennifer Aniston (2005), Heidi Klum und Seal (2012), Sylvie Meis und Rafael van der Vaart (2013), Florian Silbereisen und Helene Fischer (2018))
6// **Historische Ereignisse:** 3, 1, 5, 2, 4 (Gründung der USA (1776), Sturm auf die Bastille (1789), Entdeckung der Röntgenstrahlung (1895), Beginn des 1. Weltkriegs (1914), Angriff auf Pearl Harbor (1941)).
7// **Geschichte des 20. Jhdt.:** 4, 1, 5, 2, 3 (Kniefall von Warschau (1970), Erste Ölpreiskrise (1973), Entführung der „Landshut" (1977), Reaktorunfall Tschernobyl (1986), Mauerfall (1989)).
8// **Crossover:** 1, 2, 5, 4, 3 (Erfindung der Glühbirne (1879), Geburtsjahr von Andrea Bocelli (1958), Kniefall von Warschau (1970), Veröffentlichung von Thriller (1982), Trennung von Brad Pitt und Jennifer Aniston (2005)).

Seite 30–31

Identifizieren und beantworten.
Nachmittags im Museum

1// Nike von Samothrake – a) Einem Schiffsbug
2// Der Ritter mit der Hand auf der Brust – b) Doménikos Theotokópoulos
3// Selbstbildnis mit Dornenhalsband – a) Mexiko
4// Venus von Milo – a) Louvre
5// Maman – b) Guggenheim (Bilbao)
6// Die Mona Lisa – a) Lisa Gherardini
7// Die Sonnenblumen – b) Vincent van Gogh
8// David – a) 5,17 Meter

Seite 32

Buchstabensuppe.
Eine Bloody Mary, bitte

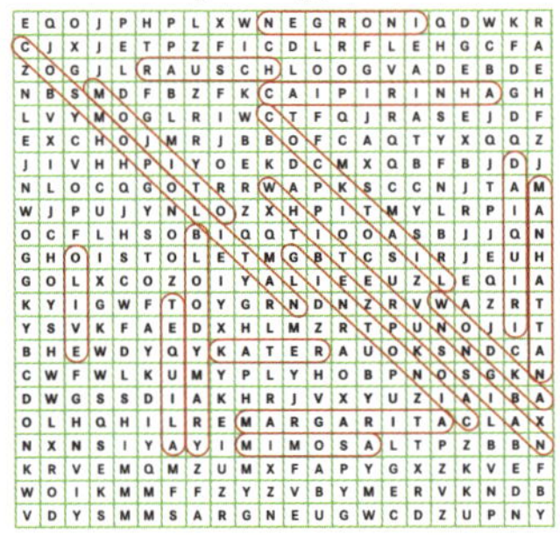

Seite 33

Finden.
Veronika, der Herbst ist da

Seite 34–35

Quiz.
Scherzkekse

1// B – Syrien.
2// B – Die Mondlandung.
3// A – Er war ein Fan von Whitney Houston (er benutzte *I Will Always Love You* als Wahlhymne auf einigen Kundgebungen und gewann die Wahl natürlich mit 100 % der Stimmen).
4// C – Merkur (ist die meiste Zeit der nächstliegende Planet, obwohl Venus an einem Punkt ihrer Umlaufbahn noch näher ist).
5// A – Vereinigte Mexikanische Staaten.
6// B – Norwegen (5,5 Millionen Einwohner*innen. Schweden und Portugal haben 10 Millionen).
7// C – Hailey Baldwin.
8// C – Eröffnung der Olympischen Spiele in London 2012.
9// A – 2200 (Passagiere und Besatzung. Sie hatte Platz für weitere 1000 Personen).
10// C – Äthiopien.
11// A – circa 6500.
12// A – Architektur (er war zum Beispiel der Schöpfer der berühmten Kuppel der Kathedrale von Florenz).
13// B – Leonardo.
14// B – Nordpol.

Seite 36

Sudoku.
Immer schwieriger

3	2	4	1
4	1	3	2
1	4	2	3
2	3	1	4

5	1	6	2	3	4
2	3	4	5	1	6
1	5	3	4	6	2
6	4	2	1	5	3
3	2	5	6	4	1
4	6	1	3	2	5

5	1	4	6	8	2	9	3	7
6	2	3	9	7	4	1	5	8
9	7	8	1	3	5	2	6	4
2	5	1	4	9	3	8	7	6
3	8	7	5	2	6	4	1	9
4	9	6	8	1	7	3	2	5
1	6	5	3	4	9	7	8	2
8	4	2	7	5	1	6	9	3
7	3	9	2	6	8	5	4	1

Seite 37

Wahr oder falsch?
Fake News

1// Wahr.
2// Wahr.
3// Falsch.
4// Falsch. Die Hauptstadt ist Ankara.
5// Falsch.
6// Wahr.
7// Wahr.

8// Wahr.
9// Wahr. Da sich Eisen bei Hitze ausdehnt, kann der Eiffelturm im Sommer bis zu 30 cm größer sein als im Winter.
10// Wahr.
11// Falsch.
12// Falsch. Es ist das Einhorn.
13// Wahr.
14// Falsch.

Seite 38

Vervollständigen.
Pionierinnen

1// Rosa Parks. Schneiderin. Alabama. Schlüsselfigur gegen die Rassentrennung in den USA.
2// Marie Curie. Wissenschaftlerin. Warschau. Die erste Frau, die einen Nobelpreis gewann.
3// Walentina Tereschkowa. Kosmonautin. Russland. Erste Frau im All.
4// Simone de Beauvoir. Philosophin. París. Vorreiterin des feministischen Denkens.
5// Sirimavo Bandaranaike. Politikerin. Sri Lanka. Erste Frau, die Regierungschefin eines Landes wurde.

Seite 39

Verbinden.
Deutsche Sprache, schwere Sprache

1// Schrippe – Brötchen – Berlinerisch.
2// Rennsämmln – Sportschuhe – Sächsisch.
3// schnacken – ein Gespräch führen – Norddeutsch
4// Kwiekebüdel – Ziehharmonika – Plattdeutsch.
5// Plümmo – Daunendecke – Kölsch.
6// heuer – in diesem Jahr – Österreichisch.
7// Poschtiwägeli – Einkaufswagen – Schweizerisch.
8// Boppers – Hintern – Fränkisch.
9// Boazn – Kneipe, Pinte – Bairisch.
10// Guazle – Bonbon – Schwäbisch.
11// Blümmelscher – kleine Blumen – Hessisch.
12// Popperle – Baby – Tiroler Dialekt.

Seite 40–41

Logik.
Eskapismus

1–8, 2–10, 3–6, 4–5, 7–9

Seite 42

Sortieren.
Mini-Anagramme

1// Heer / Rehe / Ehre / Eher
2// Fiel / Lief
3// Flog / Golf
4// Geiz / Zeig
5// Rede / Erde
6// Teil / Eilt
7// Lauf / Faul
8// Neid / Iden / Dein
9// Dorn / Nord
10// Chor / Roch
11// Seid / Dies
12// Rand / Dran
13// Gans / Sang
14// Graf / Frag
15// Team / Meta / Mate / Atme
16// Rübe / Über

Seite 43

Labyrinth.
Ich bin dann mal weg

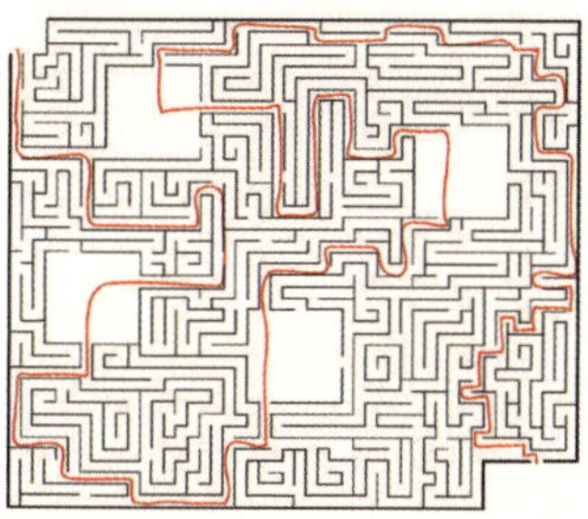

Seite 44–45

Finden.
Ein traumatischer Abschied

Seite 46–47

Quiz.
Regenbogenfarbene Geschichte

1// B – Ägäis.
2// B – Nase mit Nase.
3// A – Sokrates.
4// B – Bob Marley.
5// B – Panem et circenses.
6// A – Er beging Selbstmord.
7// A – Sevilla.
8// A – Weisheit.
9// B – Schweden.
10// A – *Zeugin der Anklage (Witness for the Prosecution).*
11// B – Père-Lachaise.
12// B – *De profundis.*
13// B – Pablo Picasso.
14// A – Ananas.
15// B – *Orlando.*

Seite 48–49

Verbinden.
Lieder mit Eigennamen

1// Living Next Door To Alice – Smokie.
2// Anita – Costa Cordalis.
3// Lucy in the Sky with Diamonds – Beatles.
4// Sweet Caroline – Neil Diamond.
5// Jeanny – Falco.
6// Macarena – Los Del Rio.
7// Roxanne – The Police.
8// Valerie – Mark Ronson feat. Amy Winehouse.
9// Gisela – Horst Schlämmer.
10// Billie Jean – Michael Jackson.
11// Anton aus Tirol – DJ Ötzi.
12// Joana – Roland Kaiser.

Seite 50–51

Quiz.
Und die Moral von der Geschicht' ...

1// C – 7.
2// B – Als Hofnarr.
3// B – Hund.
4// C – *Kinder- und Hausmärchen.*
5// C – 1937.
6// B – Die Prinzessin wirft den Frosch gegen die Wand.
7// B – Rumpelstilzchen.
8// B – *Lustige Geschichten und drollige Bilder für Kinder von 3–6 Jahren.*
9// A – Antonio Banderas.
10// B – Rauhnächte.
11// B – Zwanzig Eiderdaunendecken.
12// A – Ihre Tränen fallen auf seine Augen.

Seite 52

Zuordnen.
Gute Nacht, bis in drei Monaten

1// Bienen (eigentlich halten nur die sogenannten Hummeln Winterschlaf. Die gewöhnlichen Bienen, also die Honigbienen, ziehen sich in die Waben zurück und scharen sich um die Königin, um sie vor der Kälte zu schützen. Die meisten von ihnen sterben jedoch).
2// Winternachtschwalbe (kommt nur in Nordamerika vor).
3// Lemur (nicht alle, nur der Zwerg-Langschwanzlemur).
4// Schildkröte.
5// Igel.
6// Fledermaus.
7// Murmeltier.
8// Bär.

Seite 53

Vervollständigen.
Kälteresistente Vögel

1// Graureiher.
2// Gänsegeier.
3// Weißstorch.
4// Rosaflamingo.
5// Rothuhn.
6// Blaukehlchen.
7// Distelfink.
8// Wanderfalke.
9// Grauer Kranich.
10// Mittelmeermöwe.
11// Turmfalke.
12// Schleiereule.
13// Uhu.
14// Elster.
15// Kolkrabe.
16// Steinadler.

Seite 54

Labyrinth.
Bis zum Mond und zurück

Seite 55

Identifizieren.
Unmögliche Stellungen

1// Hündchenstellung.
2// Lotusblume.
3// Schubkarre.
4// Missionar.
5// Löffelchen.
6// Stehende Vereinigung.
7// Stern.
8// Die Y-Kurve.
9// Die Amazone.

Seite 56–57

Quiz.
Zu Hause ist es am schönsten

1// B – Boston.
2// B – Opernhaus.
3// C – Kristiania.
4// A – 6. Juni 1944.
5// A – „Whiskey, aber nicht zu knapp."
6// B – Kroatien.
7// A – Birmingham.
8// A – Bologna.
9// B – Zwei.
10// B – 300.000.
11// C – 27.
12// C – *Yesterday.*
13// B – Algerien.
14// B – *Hexensabbat.*
15// C – Gibraltar.
16// B – „Enkel von".
17// C – Capri.

Seite 58

Identifizieren und vervollständigen.
Merylmania

1// *Manhattan.*
2// *Die Brücken am Fluss.*
3// *Mamma Mia!*
4// *Der Teufel trägt Prada.*
5// *Jenseits von Afrika.*
6// *Die Eiserne Lady.*
7// *Kramer gegen Kramer.*
8// *Julie & Julia.*

Seite 59

Rechnen.
Anschauliche Berechnungen

1// 8
2// 24,5
3// 86

Seite 60

Logik.
Die Schwitzlotterie

1// Anton.
2// Mara.
3// David.
4// Ruben.
5// Laura.
6// Manu.
7// Marina.
8// Peter.
9// Anna.
10// Lola.

Seite 61

Zuordnen.
Nie ohne mein Team

1// USA
2// Italien
3// Brasilien
4// Frankreich
5// Spanien
6// Senegal
7// Niederlande
8// Argentinien
9// Portugal

Seite 62–63

Finde die Unterschiede.
Auf dem Weg nach Oz

Seite 64–65

Verbinden und ausfüllen.
Sprachbarrieren

DEFINITIONEN:
1. Mega – Eine große Menge. Viel, sehr.
2. Crush – Jugendlich anmutendes Verliebtsein. Bezeichnet auch die Person, die du magst.
3. Ciao Kakao – Benutzt man, um sich zu verabschieden.
4. Oki doki – Ja, gut, zusagend.
5. LOL – Abkürzung des englischen „laughing out loud". Ausdruck für lautes Lachen, oder wenn man etwas sehr lustig findet.
6. Tohuwabohu – Chaos, Durcheinander, Wirrwarr.
7. Tacheles reden – Zum Punkt bzw. zur Sache kommen.
8. Bae – Aus dem englischen „Before anyone else" (vor allen anderen). Zärtliche Bezeichnung, die hauptsächlich zwischen Paaren oder Freund*innen verwendet wird.
9. Heiii – Enthusiastischer Gruß.
10. ASAP – Abkürzungen des englischen Ausdrucks „as soon as possible" (so bald wie möglich). Bald.
11. Ojemine! – Ausruf des Mitleids, Entsetzen oder Überraschung. Verkürzung des Ausrufs „O Jesu Domine" („Herr Jesus").

LÜCKENTEXT:
1. Crush.
2. Bae.
3. ASAP.
4. LOL.
5. Tohuwabohu.
6. Ojemine.
7. Tacheles reden.
8. Oki doki.
9. Heiii.
10. Mega.
11. Ciao Kakao.

Seite 66–67

Sortieren.
Dasselbe in Grün

1// Robin Williams: *Mrs. Doubtfire / Popeye / Good Morning, Vietnam / Der Club der toten Dichter / Hook / Jumanji / Good Will Hunting / Hinter dem Horizont / Nachts im Museum.*
Robert De Niro: *Der Pate – Teil II / Taxi Driver / Wie ein wilder Stier / GoodFellas – Drei Jahrzehnte in der Mafia / Casino / Meine Braut, ihr Vater und ich / Man lernt nie aus / The Irishman.*
2// 70er: *Highway to Hell* – ACDC / *Rocket Man* – Elton John / *Ein Bett im Kornfeld* – Jürgen Drews / *SOS* – ABBA / *Bohemian Rhapsody* – Queen / *Tränen lügen nicht* – Michael Holm / *Rivers of Babylon* – Boney M.
80er: *Take on me* – A-ha / *Total Eclipse of the Heart* – Bonnie Tyler / *Girls Just Want to Have Fun* – Cindy Lauper / *In the Army Now* – Status Quo / *The Final Countdown* – Europe / *Tainted Love* – Soft Cell / *What's Love Got to Do With It* – Tina Turner.
3// Frisur: Bob / Bubikopf / Dauerwelle / Mähne / Irokese / Pagenkopf / Schmalztolle / Stöpsellocke.
Fisch: Forelle / Barbe / Laternenträger / Glänzender Schleimkopf / Guppy / Moderlieschen / Prachtschmerle / Schleierschwanz.
4// Angela Merkel (1954). Älter: Meryl Streep (1949) / Pierce Brosnan (1953) / Robert De Niro (1943) / Iris Berben (1950) / Maggie Smith (1934) / Hillary Clinton (1947).
Jünger: Bill Gates (1955) / Barack Obama (1961) / Olaf Scholz (1958) / Adam Sandler (1966) / Jamie Lee Curtis (1958) / Madonna (1958).
5// Richtig geschrieben: asymmetrisch, todlangweilig, Büfett, Diarrhö, Jackett, Lappalie, parallel
Falsch: am Besten (am besten), Entgeld (Entgelt), Aquise (Akquise), Kuß (Kuss), brilliant (brillant), Rückrat (Rückgrat), Kommitee (Komitee).

Seite 68-69

Quiz.
Scheißjahre

1// A - „Rauchbucht".
2// B - Purpur
3// C - Herr der Meere.
4// A - Hänsel und Gretel.
5// B - Florenz.
6// B - Taschkent.
7// A - Zwiebel.
8// B - Peru.
9// C - Prag.
10// C - Neu-Amsterdam.
11// B - 1947.
12// B - *Frankenstein.*
13// A - 1,6 %.
14// C - Qing.
15// C - Sarajevo.
16// A - Sie wurde zuerst in Spanien erwähnt.
17// B - 43,91%.

Seite 70

Quiz.
Die Olympischen Spiele

1// s) 1916, 1940, 1944.
2// h) Waldi.
3// e) Rumänien.
4// s) Mit Gold überzogenes Silber.
5// p) 10.
6// e) 44%.
7// r) Amsterdam 1928.
8// f) Michael Phelps.
9// e) Cassius Clay.
10// c) Elektronische Sportarten.
11// t) Breakdance.
Schlagzeile: She's perfect!

Seite 71

Verbinden.
Licht aus, Spot an

1. Hugo Egon Balder - Tutti Frutti.
2. Inka Bause - Bauer sucht Frau.
3. Rudi Carrell - Am laufenden Band.
4. Andrea Kiewel - ZDF Fernsehgarten.
5. Stefan Raab - TV Total.
6. Ilja Richter - disco.
7. Dieter Thomas Heck - ZDF Hitparade.
8. Oliver Geissen - Die ultimative Chartshow.
9. Alfred Biolek - alfredissimo!
10. Peter Lustig - Löwenzahn.
11. Wim Thoelke - Der Große Preis.
12. Günther Jauch - Wer wird Millionär?
13. Sonja Zietlow - Ich bin ein Star - Holt mich hier raus!
14. Linda de Mol - Traumhochzeit.

Seite 72-73

Megatest.
Die Abschlussprüfung

1// B - Budapest.
2// A - 300.000 km/s.
3// B - Schnabeltier.
4// C - Seit, seid, seid.
5// B - 1918.
6// A - Griechische Bauordnungen.
7// B - Der Gott des Weines.
8// A - Rheinland-Pfalz.
9// B - Endorphin.
10// C - Vierzehn.
11// B - Flugberechnung.
12// C - 1989.
13// A - Reinhold Messner.
14// C - Vier.
15// B - Die Zugspitze (Bayern).
16// B - Au (Aurum).
17// A - 1781.
18// B - spühlen.
19// A - Wilhelm II.
20// B - Impressionisten.
21// C - Apostat.
22// C - China (allerdings fast gleichauf mit Indien).
23// C - kocht erst, wenn es heißer als 100° C ist.
24// C - Harfe.
25// B - hier.
26// B - Den Vietnamkrieg.
27// C - Der Fastenmonat des Islam.
28// C - Saarland.
29// C - Neptun.
30// A - Die drei großen literarischen Gattungen.

Seite 74

Hieroglyphen.
Minimalistisches Kino

1// *E.T. - Der Außerirdische* (1982).
2// *Die Eiskönigin* (2013).
3// *Schneewittchen und die sieben Zwerge* (1937).
4// *Zurück in die Zukunft - Teil II* (1989).
5// *Die Goonies* (1985).
6// *Toy Story* (1995).
7// *Die Schöne und das Biest* (1991).
8// *Das Dschungelbuch* (1967).
9// *Mary Poppins* (1964).
10// *Kevin - Allein zu Haus* (1990).
11// *Arielle, die Meerjungfrau* (1989).
12// *Die Unglaublichen - The Incredibles* (2004).
13// *Ghostbusters II* (1989).
14// *Dornröschen* (1959).
15// *Der Zauberer von Oz* (1939).
16// *Findet Nemo* (2003).

Alles hat ein Ende. Nach dieser gemeinsamen Reise ist es an der Zeit, sich zu verabschieden, zumindest für eine Weile. Wir hoffen, unsere gemeinsame Zeit war erfrischend, anregend und hat euch geholfen, einmal wieder den Kopf freizubekommen und Energie zu tanken. Da das Abschiednehmen immer schwierig ist, tun wir es einfach nicht. Diese Seiten sind und bleiben ein Ort, an den du zurückkehren und den du immer wieder neu entdecken kannst.

Bis dann!